Sistemas y procesos logísticos. COML022PO

Judith Abeleira Carrasco

Sistemas y procesos logísticos. COML022PO
© Judith Abeleira Carrasco

1ª Edición

© IC Editorial, 2025

Editado por: IC Editorial
c/ Cueva de Viera, 2, Local 3
Centro Negocios CADI
29200 Antequera (Málaga)
Teléfono: 952 70 60 04
Fax: 952 84 55 03
Correo electrónico: iceditorial@iceditorial.com
Internet: www.iceditorial.com

ISBN: 978-84-1184-603-5
Depósito Legal: MA 213-2025

Impresión: PODiPrint
Impreso en Andalucía – España

Nota de la editorial: IC Editorial pertenece a Innovación y Cualificación S. L.

Especialidad formativa

Se entiende por especialidad formativa la agrupación de contenidos, competencias profesionales y especificaciones técnicas que responde a un conjunto de actividades de trabajo enmarcadas en una fase del proceso de producción y con funciones afines.

Las especialidades formativas de Uso General, Formación Complementaria, Formación Modular y las especialidades formativas dirigidas a la obtención de certificados de profesionalidad se incluyen en el Fichero de Especialidades del Servicio Público de Empleo Estatal para su gestión en todo el territorio nacional por cualquier Administración competente.

Las especialidades complementarias, pertenecen todas a la Familia profesional de Formación Complementaria (FCO) y tienen la consideración de formación transversal en áreas que se consideran prioritarias tanto en el marco de la Estrategia Europea para el Empleo y del Sistema Nacional de Empleo como en las directrices establecidas por la Unión Europea. Se consideran áreas prioritarias las relativas a tecnologías de la información y la comunicación, la prevención de riesgos laborales, la sensibilización en medio ambiente, la promoción de la igualdad, la orientación profesional y aquellas otras que se establezcan por la Administración competente.

Las especialidades de Certificado de profesionalidad tienen una duración especificada en su normativa reguladora.

En el resultado de la búsqueda, se muestran las unidades de competencia, todos los módulos formativos con su duración y las unidades formativas del certificado correspondiente, con su duración. Las horas del certificado, exclusivo de las especialidades de certificado de profesionalidad, con alta igual o superior a 2008, son las horas totales más las horas del módulo de Prácticas Profesionales no Laborales.

- ⮑ **Si la especialidad tiene unidades formativas,** las horas totales, presencial, distancia, teleformación serán igual a la suma de esas horas de las unidades formativas de los distintos módulos, sin que se repita ninguna Unidad formativa.

⮞ **Si la especialidad no tiene unidades formativas,** las horas totales, presencial, distancia, teleformación serán igual a las sumas de esas horas de los módulos formativos, eliminando las horas de los módulos repetidos.

https://sede.sepe.gob.es/especialidadesformativas/RXBuscadorEFRED/BusquedaEspecialidades.do

(Fuente: Servicio Público de Empleo Estatal)

Índice

OBJETIVOS GENERALES

Los objetivos generales del **COML022PO. Sistemas y procesos logísticos,** son los siguientes:

- ➲ Identificar los elementos y procesos de recepción, reaprovisionamiento y preparación de pedidos de un almacén y sus costos. También identificar los riesgos laborales específicos en el almacén.
- ➲ Componer una idea general de la actividad del sistema logístico.
- ➲ Conocer los procesos de recepción de mercancías y la distribución de las mismas en el almacén.
- ➲ Analizar los procesos de reaprovisionamiento y gestión de *stock* en un almacén como actividad principal de la empresa logística.
- ➲ Conocer los procesos de preparación de pedidos (*picking* y *packing),* así como los aspectos relacionados con la distribución y transporte de los mismos.
- ➲ Analizar los costes generales del almacenamiento.

Sistema logístico

Contenido

1. Introducción
2. La concepción de la logística integral en la empresa
3. Importancia estratégica del almacén
4. El concepto y función de los almacenes
5. Estructura de almacén: tipos, funciones y zonas
6. Diseño de almacenes
7. Dimensiones y capacidades
8. Formas de almacenamiento
9. Resumen

Objetivos

El objetivo general de esta Unidad de Aprendizaje es:

→ Componer una idea general de la actividad del sistema logístico.

Los objetivos específicos de esta Unidad de Aprendizaje son:

→ Definir la logística integral de la empresa.

→ Conocer la importancia estratégica del almacén.

→ Diferenciar las distintas actividades de un almacén.

→ Distinguir los tipos de almacén según los distintos criterios.

→ Reconocer las funciones del almacén.

→ Diferenciar las zonas de un almacén.

→ Apreciar los factores que afectan a las dimensiones de un almacén.

→ Calcular la capacidad de un almacén.

→ Conocer las formas de almacenamiento, teniendo en cuenta el equipamiento y las técnicas de almacenamiento más habituales.

1. Introducción

Actualmente, la logística es una de las actividades en auge en la actividad económica mundial. En la distribución comercial, los productos que producen los productores o fabrican los fabricantes deben ser llevados hasta el consumidor final o usuario. Desde su origen hasta su destino final, los productos hacen "paradas" en destinos intermedios, siendo almacenados en diferentes almacenes.

Por otra parte, el gran aumento de la venta por internet ha hecho que el sistema logístico haya experimentado una gran proliferación.

La actividad logística, además del cuidado de las mercancías para que no se dañen ni se estropeen durante el proceso de traslado, conlleva una gestión compleja, ya que se debe controlar las entradas y salidas de las unidades para que no se pierdan en el camino.

Para ubicarnos a lo largo de esta acción formativa, vamos a fijarnos en la empresa Mayorasa, una empresa mayorista de productos de papelería, material y mobiliario de oficina. Esta empresa tiene una nave almacén en un polígono industrial ubicado fuera de una ciudad de unos 500.000 habitantes. La empresa compra material a diferentes proveedores y, posteriormente, lo vende a distintas tiendas minoristas como papelería o hipermercados con sección de papelería.

2. La concepción de la logística integral en la empresa

☞ HILO CONDUCTOR

Mayorasa es una empresa mayorista que compra y vende material de papelería, material y mobiliario de oficina. El gerente, Daniel, ha escuchado hablar de la logística integral y desea saber exactamente qué es ese concepto. Mayorasa, como empresa integrada en el mercado, trabaja con diferentes proveedores y clientes y, además, desempeña distintas funciones como empresa de almacén. Daniel va a realizar un pequeño curso de formación para conocer estos conceptos.

El sistema o cadena de distribución comercial es el proceso que consiste en hacer llegar un producto desde fábrica al consumidor final. En este sistema o cadena existen varios **intervinientes:**

- **Suministrador de materias primas.** El suministrador de materias primas es aquella empresa que extrae materiales de la naturaleza y los prepara para ser utilizados posteriormente por el fabricante o productor.

  Un ejemplo de empresa suministradora de materias primas es una empresa que extrae hierro y metal para, posteriormente, venderlo a empresas industriales, de construcción, de automoción, de industria naval, etc., para que ellos creen, produzcan o fabriquen productos para su posterior venta.

- **Fabricante o productor.** Es la empresa que adquiere materia prima para fabricar, producir o crear un producto, artículo o bien que será posteriormente vendido a empresas mayoristas en grandes cantidades.

  Un ejemplo sería una empresa fabricante de muebles de metal que fabrica mesas, sillas y estanterías de metal para venderlas en grandes cantidades a empresas mayoristas.

- **Empresas mayoristas.** La empresa mayorista compra grandes cantidades de producto que guarda y custodia hasta que son vendidos, bien a otros distribuidores o bien a empresas minoristas.

  Un ejemplo sería una empresa mayorista que compra muebles a distintos fabricantes y proveedores para, posteriormente, venderlos a empresas distribuidoras y minoristas.

- **Empresas distribuidoras.** La empresa distribuidora es aquella que compra grandes cantidades de producto a una empresa mayorista para, posteriormente, venderla y distribuirla a varios minoristas.

  Un ejemplo sería una empresa distribuidora que compra muebles a un fabricante o marca concretos para distribuirlos y venderlos a otras empresas minoristas.

- **Empresas minoristas.** La empresa minorista adquiere menor cantidad de producto a una empresa mayorista o distribuidora para, posteriormente, venderlo al consumidor final.

  Un ejemplo sería una tienda de muebles que adquiere mesas, sillas y estanterías a una empresa mayorista. Posteriormente, los expone junto con otros muebles de dormitorios, salones, cocinas, baños, oficinas, etc., para que los clientes los elijan y los adquieran para llevárselos a sus viviendas y despachos.

- **Consumidor final.** Es la persona o empresa que adquiere estos productos en una tienda o empresa minorista para su uso o disfrute personal. El cliente, consumidor o usuario compra el producto porque este va a satisfacer las necesidades del cliente.

  Un ejemplo sería un matrimonio que compra el mobiliario necesario para la habitación de su hijo de 8 años. Este mobiliario está compuesto por una silla, una mesa y una estantería de metal, entre otros muebles de metal y madera.

 SABÍAS QUE...

Los consumidores o usuarios adquieren productos para su consumo y disfrute propio. Esto quiere decir que no los adquieren con la intención de venderlos posteriormente. Sin embargo, en la actualidad, hay una tendencia muy marcada hacia la economía circular y la sostenibilidad, con la idea de gestionar los residuos bajo los conceptos de las 3R (Reutilización, Reciclaje y Reducción de residuos). Por este motivo, han surgido plataformas de venta de productos de segunda mano en las que usuarios y consumidores venden sus productos que ya han sido utilizados, pero se conservan en buenas condiciones para que otro usuario los adquiera y los pueda seguir utilizando.

Por lo tanto, desde el suministrador de materias primas hasta la empresa minorista, estos intervinientes tienen una cosa en común: el almacenaje de productos.

Todos ellos necesitan guardar las mercancías en un lugar cuya capacidad permita el almacenamiento conforme a la cantidad o volumen con el que trabaja la empresa, y cuyas condiciones permitan la custodia de manera segura y eficiente.

El término logístico tiene su origen en la raíz griega *logis* (que significa cálculo) y la palabra del latín *logistica* que, en la época de la Antigua Roma, hacía referencia al administrador o intendente de los ejércitos del Imperio Romano. Asociando estas dos ideas, podemos decir que la logística está relacionada con el cálculo de los medios que necesita una empresa para realizar su actividad.

 DEFINICIÓN

Logística
Según la RAE: conjunto de medios y métodos necesarios para llevar a cabo la organización de una empresa o de un servicio, especialmente de distribución.

Sin embargo, no podemos ceñirnos solo al concepto básico de adquirir, almacenar y vender productos. Debemos tener una visión de **logística integral** en la empresa, que implica que debemos tener una visión conjunta de todos los aspectos que intervienen en la cadena de suministro. Esto significa que no se deben olvidar aspectos como la planificación, la implementación y la supervisión. Significa que los productos deben ser entregados a tiempo y en las condiciones adecuadas.

2.1. Actividades de almacén

La logística integral en la empresa implica tener en cuenta las siguientes **actividades:**

- **Gestión de compras.** Son las acciones implicadas en la adquisición de materiales o mercancías al proveedor o suministrador. El material adquirido servirá para introducirlo en el proceso de fabricación o producción o para venderlo, tal cual se ha adquirido a otras empresas.
- **Transporte.** Es la acción de llevar la mercancía desde un punto de origen (el vendedor) a un punto de destino (el comprador). A veces, pueden existir transportes intermedios dentro de una misma empresa. Se debe velar porque el transporte de mercancía sea seguro y no se dañe a la misma.
- **Almacenamiento.** Es la acción de guardar y custodiar las mercancías de manera segura, preservándolas de posibles daños y/o robos.
- **Gestión de inventario.** Es la acción de contar físicamente las unidades de las mercaderías. Esto se realiza para comprobar que las entradas y salidas de bienes que se registran en los programas informáticos de gestión coinciden con las unidades físicas que se encuentran en el almacén.
- **Gestión de pedidos.** Son las acciones relacionadas con los pedidos que recibimos por parte de los clientes o compradores.
- **Servicio al cliente.** Es el conjunto de acciones que se llevan a cabo para dar satisfacción al cliente. No solo se trata de la compraventa del artículo o producto, sino de otras acciones que giran en torno a la compraventa como pueda ser la atención telefónica, la atención por *e-mail,* gestión de reclamaciones, servicio posventa, etc.
- **Gestión de devoluciones.** Son las acciones que se ven implicadas en el proceso de devolución de un producto a un cliente. Puede ser desde compensaciones en próximas compras, devolución del artículo adquirido y reposición por uno nuevo o una devolución parcial o total del importe monetario, etc.

Para que exista una buena logística integral en la empresa es vital que haya una buena coordinación entre los departamentos y buenas relaciones comerciales entre esta y los clientes y proveedores.

 ACTIVIDAD COMPLEMENTARIA

1. Lee la noticia titulada "El *e-commerce,* uno de los principales motores para el sector logístico en 2023"que encontrarás accediendo desde aquí:

https://redirectoronline.com/coml022po0101

A continuación, indica cuáles son los dos puntos más importantes a los que hace referencia en cuanto al desarrollo del sector logístico.

3. Importancia estratégica del almacén

 HILO CONDUCTOR

Daniel, el gerente de Mayorasa, desea conocer las estrategias de un almacén para poder aplicarlas en el suyo propio. Además de las estrategias de almacén, quiere conocer las estrategias de precios y descuentos, ya que es un pilar muy importante de cara al cliente comprador, por ser uno de los factores más influyentes en la decisión de compra.

El correcto funcionamiento de un almacén debe basarse en la aplicación de buenas estrategias.

Un almacén bien gestionado ayuda al éxito de la empresa, pues garantizar la disponibilidad de productos según la demanda de la clientela es una de las claves del éxito. Un almacén eficiente que optimiza la utilización del espacio y el tiempo ayuda a reducir costes de producción y de transporte. Algunas de las **estrategias del almacén** son:

- **Estrategias de ubicación.** Son aquellas estrategias enfocadas en la optimización de la ubicación. Situar los espacios físicos cerca de los clientes, de los proveedores o de ambos puede reducir costes de muchos tipos.

  Por ejemplo, si la demanda de una empresa mayorista es un conjunto de empresas minoristas situadas, en su mayoría, en Andalucía, Castilla-La Mancha y Extremadura, una situación equidistante en su mercado parece ser una buena estrategia de ubicación, ya que reducirá los costes de transporte, por ejemplo. Además de otros costes, como los de publicidad que se pueden realizar en medios de comunicación de dichas comunidades autónomas.

- **Estrategias de reducción de costes.** Estas estrategias consisten en reducir los costes de la empresa, desde los de aprovisionamiento o adquisición de mercancías hasta otros tipos de costes como suministros energéticos, sueldos y salarios, tributos, arrendamientos y cánones, reparaciones y conservación, transportes, etc.

- **Estrategias de *stock*.** Las estrategias de *stock* consisten en gestionarlo de manera que no se sobrepasen cantidades excesivas, así como el hecho de no quedarse sin existencias en el almacén. Se trata de alcanzar un equilibrio fluido en las entradas y salidas de producto evitando altibajos pronunciados y adaptándose en todo momento a la demanda del mercado.

- **Estrategias de precios.** Estas estrategias se centran en el precio de venta que se ofrece a la empresa cliente. Si los precios son asequibles y se encuentran en una horquilla acorde a lo que marca el mercado, será más fácil de vender. Por el contrario, si los precios son excesivos en la apreciación calidad-precio por parte del cliente comprador, será más difícil su venta, salvo si nos movemos en nichos o segmentos de mercado que adquieren productos de lujo y de calidad o gama alta.

- **Estrategias de reducción de riesgos.** Estas estrategias consisten en minimizar los riesgos y moverse en la denominada "zona de confort". Existe un dicho conocido que dice "quien no arriesga, no gana". Para ganar u obtener mayor beneficio, en ocasiones, es necesario arriesgar y tomar decisiones que pueden conllevar una pérdida económica, de clientes o de prestigio. Sin embargo, no arriesgar proporciona seguridad y garantía de vender la cantidad o calidad adecuada y correcta, aunque no suponga un mayor incremento de beneficio o facturación, pero surte de un beneficio menor, pero más prolongado en el tiempo.

- ⮑ **Estrategias de servicio al cliente.** Estas estrategias consisten en prestar un excelente servicio al cliente como elemento diferenciador en el proceso de compraventa, en el que no solo se trata de intercambiar un producto a cambio de un precio, si no que se trata de cuidar todo aquello que interviene en el proceso: información proporcionada, atención telefónica, atención posventa, transparencia y claridad en el proceso, etc.

 ## ACTIVIDAD COMPLEMENTARIA

2. Visualiza el vídeo titulado *Eyesee, the inventory-taking drone*, que encontrarás accediendo desde aquí:

https://redirectoronline.com/coml022po0102

A continuación, indica las ventajas que ofrece este sistema.

Lo mejor es optar por una combinación de varias estrategias al mismo tiempo.

 ## EJEMPLO

Se puede aplicar una estrategia de reducción de costes con una estrategia de servicio al cliente.

Las estrategias de reducción de costes y las de precios son muy similares. Solo dependerá del papel que juegue la empresa como comprador o como vendedor a la hora de negociar con la otra parte.

En el caso de ser nosotros la empresa compradora, esta negociación de precios con el proveedor se apreciará por nuestra empresa como una estrategia de reducción de costes de adquisición o de aprovisionamiento.

En el caso de ser nosotros la empresa vendedora, esta negociación de precios con el cliente se apreciará por nuestra empresa como una estrategia de precios.

Podemos diferenciar dos tipos de estrategias relacionadas con el precio. Por una parte, las **estrategias de precio** como tal, es decir, las estrategias relacionadas con el hecho de marcar o poner el precio, y las **estrategias de descuento** que son aquellas relacionadas con el hecho de aplicar un descuento sobre el precio ya marcado.

Las estrategias de precios más habituales, es decir, aquellas que conducen a marcar un precio u otro, son:

- **Precio según temporada.** Con esta estrategia marcamos al mismo producto diferentes precios según sea temporada alta, media o baja. Es muy usual en el sector turístico y en aquellos productos que tienen una gran demanda en temporadas concretas.
- **Precio impacto.** Con esta estrategia se pretende impactar en el mercado mediante el elemento precio. Se puede utilizar, por ejemplo, cuando se quiere relanzar o reposicionar un producto que ya está en el mercado pero no ha alcanzado el éxito deseado en el inicio.
- **Precio por calidad.** Esta estrategia consiste en marcar un precio muy acorde a la calidad que ofrece el producto, para no quedarse ni por encima ni por debajo. Se trata de precios que tienen muy en cuenta los atributos, prestaciones y servicios que ofrece el producto.
- **Precio descremado.** Esta estrategia consiste en lanzar un producto al mercado con un precio muy elevado, para, posteriormente, ir bajándolo conforme se alcanza una cuota de mercado o clientela mayor. Es muy habitual en productos relacionados con la electrónica y la tecnología. Los clientes que primero adquieren estos productos están dispuestos a hacerlo a un precio elevado por tener el privilegio de ser los primeros en adquirir dicho producto. El tiempo avanza, el precio se va abaratando y el producto se populariza en el mercado.
Generalmente, cuando el precio se establece en su mínimo, es porque se ha lanzado al mercado una nueva versión con un precio elevado. De esta manera, las personas de un nivel adquisitivo alto son las primeras en

adquirir este tipo de productos y las personas de nivel adquisitivo bajo son las últimas en adquirirlo.

- **Precio de penetración.** La estrategia de precio de penetración consiste en marcar el precio de lanzamiento de un producto en el mercado. Es habitual cuando se trata de un producto novedoso y queremos darlo a conocer a una amplia cuota de mercado.

  Al contrario del precio descremado, el de penetración suele comenzar con un precio bajo para captar nuevos clientes y, una vez que se ha alcanzado la cuota de mercado deseada, se empieza a subir de manera paulatina para no perder la demanda captada.

- **Precio de mantenimiento.** Esta estrategia trata de mantener o conservar el mismo precio por un período largo de tiempo. Se utiliza una vez que el producto se ha posicionado en el mercado. El producto es conocido y tenemos una demanda estable que no deseamos perder. Para ello, se salvaguarda el precio intentando que no le afecten las posibles subidas y bajadas de la economía general. Una bajada temporal en el precio puede implicar que cuando, posteriormente, es necesario subirlo de nuevo, se pierda parte de la demanda. De ahí la importancia de mantenerlo estático el mayor tiempo posible.

- **Precio de línea.** Esta estrategia consiste en poner varios productos diferentes a un mismo precio, de manera que en unos productos se obtiene mayor margen de beneficios que en otros, ya que los costes de cada producto son diferentes.

- **Precio líder.** Esta estrategia trata de poner un producto a un precio muy barato para atraer al cliente y, una vez en la tienda o una vez que haya hecho un pedido a un proveedor, adquiera más productos.

- **Precio de prestigio.** Esta estrategia marca el precio de un producto muy alto para posicionarlo como un producto exclusivo, de lujo y de alta calidad. Hay personas que, basándose en la premisa del binomio calidad-precio, relacionan que un precio muy alto implica calidad, exclusividad y/o lujo.

- **Precio pares-nones o psicológico.** Consiste en no redondear los precios al entero superior, para dar una sensación psicológica de que el precio es más bajo, al percibir el entero como más bajo.

- **Precio por incertidumbre o precio ruleta.** También se conoce como *pricing* dinámico. Consiste en variar los precios con mucha frecuencia dependiendo de otros factores como la oferta, la demanda, hora del día, día de la semana o, incluso, temporada. De este modo, el comprador puede encontrar que ahora mismo un producto vale un precio y, en otro momento, el precio ha variado, siendo más elevado o más barato. Esta estrategia funciona en aquellas tiendas o empresas *online* que pueden ajustar el precio en tiempo real. Sin embargo, puede ser un arma de doble filo si se varía de precio con mucha frecuencia, porque los compradores pueden pensar que les están engañando.

En productos físicos podemos encontrar estos precios incertidumbre en todos aquellos productos que tienen una sorpresa dentro y el comprador no sabe lo que está comprando realmente.

- **Precio *pack* o todo incluido.** Consiste en agrupar varios productos y venderlos por un precio global, de modo que no se sabe con exactitud el precio de cada producto suelto, ya que por separado saldría más cara su adquisición. Esta estrategia se utiliza, principalmente, para fidelizar al comprador, ya que percibe mayor valor. Sin embargo, hay que tener cuidado de que, además de marcar un precio atractivo al comprador, este sea rentable para la empresa vendedora.

- **Precio de oferta.** Consiste en la reducción temporal de un precio previamente establecido. Esta estrategia sirve para dar salida a productos que están a punto de caducar y que no queremos que vuelvan al almacén, para atraer compradores, para generar interés en un producto, etc.

 **APLICACIÓN PRÁCTICA**

María trabaja en un almacén en el que venden, entre otros muchos productos, bañadores de señora. El precio de ese producto varía a lo largo del año. En enero lo venden por 20 €/unidad, en abril a 25 €/unidad y en julio a 30 €/unidad. De entre las siguientes estrategias de precio, ¿cuál corresponde a esta variación de precios? Ayuda a María a averiguarlo.

- **Precio según temporada**
- **Precio impacto**
- **Precio por calidad**
- **Precio descremado**

Solución

En este caso, la estrategia es la de precio según temporada, al tratarse de un producto que tiene mayor demanda en la temporada correspondiente al verano y menor en invierno.

El precio impacto se aplica cuando se quiere impactar en el mercado con el factor precio. Es típico en la situación de relanzamiento o reposicionamiento de un producto en el mercado.

El precio por calidad se aplica cuando se quiere ajustar el binomio calidad-precio.

Continúa en página siguiente >>

<< Viene de página anterior

El precio descremado consiste en sacar un producto al mercado con un precio muy elevado para ir bajándolo conforme va disminuyendo la demanda.

Las **estrategias de descuento** más habituales, es decir, aquellas que conducen a rebajar o disminuir el precio original previamente marcado, son:

- **Descuento por cantidad.** Es un descuento que se aplica por el volumen o cantidades adquiridas en la compraventa. Es decir, la unidad tiene un precio establecido, pero, si el comprador adquiere una cantidad determinada de producto, el vendedor le hace un descuento y le deja un precio especial.
  Por ejemplo, una empresa vende el producto A a un precio establecido de 10,00 €. Sin embargo, en el contrato de compraventa determina que si la compraventa es:

  - Entre 200 - 399 unidades, el precio es de 9,50 €/unidad.
  - Entre 400 - 599 unidades, el precio es de 9,00 €/unidad.
  - Entre 600 - 799 unidades, el precio es de 08,50 €/unidad.
  - Entre 800 o más unidades, el precio es de 07,00 €/unidad.

  De esta manera, si un comprador adquiere por debajo de 200 unidades, por ejemplo, 150 unidades, el precio es de 10,00 €/unidad.
- **Descuento por pago anticipado.** Este descuento se aplica cuando el comprador paga al vendedor antes del plazo de tiempo estipulado. Es decir, si el pago lo realiza en el tiempo que previamente estaba marcado el precio, es el inicial, pero si lo adelanta, el precio se rebaja.
  Por ejemplo, un proveedor ha realizado una compraventa a un cliente de 1.000 unidades de un producto. El precio es de 10,00 €/unidad, por lo que el importe total asciende a 10.000 €. El plazo de pago acordado inicialmente era de 90 días tras la emisión de factura. Sin embargo, el proveedor le ofrece la posibilidad de que si paga a 60 días el precio será de 9,50 €, es decir, un importe total de 9.500 €, y de 9,00 €/unidad si paga a 30 días, resultando así el importe final por 9.000 €. Esto beneficia al vendedor porque adquiere dinero líquido de forma rápida y al comprador porque obtiene un descuento en la acción de compraventa.
- **Descuento por edad.** Este descuento se aplica cuando el comprador cumple un requisito de edad. Es habitual, principalmente, en el mercado minorista de cara a los clientes individuales o consumidores. Es muy típico en el sector servicios.
  Por ejemplo, las empresas de transporte de viajeros y de ocio y cultura como los teatros, cines, museos, etc., ofrecen descuentos a las personas

mayores de 60 o 65 años, o a las personas jóvenes menores de 20, 25 o 30 años.

⮑ **Descuento por otras condiciones personales.** Este tipo de descuento también se aplica en el sector minorista al consumidor final cuando este reúne una condición especial.

Por ejemplo, hay empresas que aplican descuentos a los miembros de las familias numerosas o estudiantes. Para ello, tienen que acreditar mediante carnet o tarjetas específicas que son miembros de una familia numerosa o que están matriculados en un centro educativo.

⮑ **Descuento por fidelidad (tarjetas).** Este descuento se aplica, también principalmente, en el mercado minorista a los consumidores. Se trata de conceder una tarjeta al usuario, de manera que, cada vez que consume un producto o servicio, se le regalan puntos y, cuando adquiere una cantidad concreta y mínima de puntos, se le aplican descuentos en próximas compras. En ocasiones, estos puntos son canjeables por regalos.

Por ejemplo, un hipermercado concede una tarjeta de fidelidad a un consumidor. Cada vez que el consumidor realiza una compra, le regalan puntos. Cuando el consumidor obtiene una cantidad de puntos, le aplican un descuento o le dan a elegir en un catálogo de regalos uno que esté cubierto por la cantidad de puntos que tiene asignado.

⮑ **Descuento por *rappels*.** Este descuento se aplica entre empresas. Podríamos afirmar que es una mezcla entre el descuento por volumen de compra y el descuento por fidelidad. Consiste en aplicar un descuento según la cantidad facturada en el año. De este modo, se fideliza a la empresa compradora, aunque en cada acción de compraventa no llegue a un volumen mínimo para aplicar el descuento por volumen o cantidad.

Por ejemplo, una empresa vendedora aplica según el contrato de compraventa la siguiente tabla de *rappels*:

↻ Entre 30.000 € - 49.999,99 € el 1 % de descuento.
↻ Entre 50.000 € - 79.999,99 € el 1,5 % de descuento.
↻ Entre 80.000 € - 99.999,99 € el 2 % de descuento.
↻ Entre 100.000 € - 150.000 € el 3 % de descuento.
↻ Más de 150.000,01 € el 4 % de descuento.

Una empresa compradora ha facturado a la empresa vendedora la cantidad de 65.527 €. En este caso, al encontrarse esta cantidad en el segundo intervalo de la tabla de *rappels*, le corresponde el 1,5 % de descuento. 1,5 % s/65.527 € = 982,91 € de descuento es lo que le devolverá la empresa vendedora o se lo descontará en próximas facturas.

Suponiendo que el descuento por cantidad se aplicase para pedidos superiores a 3.000 unidades, aunque los pedidos no se hayan beneficiado de este descuento, por tratarse de cantidades inferiores, el descuento por *rappels* ha provocado que la empresa compradora sea fiel a la empresa vendedora, ya que, a mayor facturación, mayor descuento.

APLICACIÓN PRÁCTICA

Daniel adquiere 2.000 unidades de un producto a un precio de 15 €/unidad. Según el contrato de compraventa, el pago se realizará a 60 días vista una vez emitida la factura. Sin embargo, el proveedor informa a Daniel que, si paga a 30 días vista, el precio se quedará en 12 €/unidad. De los descuentos propuestos a continuación, ¿cuál es el que propone el proveedor? Ayuda a Daniel a averiguarlo.

- Descuento por cantidad
- Descuento por pago anticipado
- Descuento por otras condiciones personales
- Descuento por *rappels*

Solución

El descuento por pago anticipado es el que se aplica por pagar antes del plazo previamente acordado.

El descuento por cantidad se aplica en función de la cantidad o volumen de compra. Cuantas más unidades se adquieren, mayor el descuento.

El descuento por condiciones personales se aplica cuando el comprador reúne o cumple una condición personal. Es más habitual en clientes individuales.

El descuento por *rappels* se aplica cuando se establecen unas tablas de facturación y, en cada intervalo de facturación, se aplica un porcentaje diferente de descuento. Debiendo esperar a la facturación trimestral, semestral o anual para su aplicación.

---

4. El concepto y función de los almacenes

☞ HILO CONDUCTOR

El almacén de Mayorasa, empresa mayorista de papelería y mobiliario de oficina, es un almacén grande situado en un polígono industrial. Daniel, el gerente,

Continúa en página siguiente >>

<< Viene de página anterior

entregó en persona un pedido a una papelería de barrio de la ciudad donde está ubicado. El almacén de la papelería era una sala con seis estanterías y una única puerta de acceso desde la tienda. Lo encontró tan simple y sencillo, que decidió investigar sobre qué es realmente un almacén y cuál es su función principal.

El almacén es un lugar donde se guardan y custodian las mercancías o bienes antes de su distribución y venta. El almacén debe ser un lugar seguro y ordenado, puede ser un edificio independiente, por ejemplo, una nave industrial cuyas instalaciones en su totalidad se destinan a almacén, o puede estar integrado dentro de otras instalaciones, como una parte de la actividad de la empresa, por ejemplo, el almacén de un centro comercial de un hipermercado, una fábrica, etc. En este caso, los productos salen del almacén a la zona de exhibición, zona de venta o zona de producción, y de ahí, salen de la empresa hacia la empresa cliente o hacia el consumidor final, dependiendo de si el proceso de compraventa es de actividad mayorista o minorista.

Así, podemos afirmar que la función principal del almacén es la de guardar y custodiar las mercancías que entran y salen en el mismo dentro del proceso de distribución. Es decir, desde que se obtiene la materia prima, se fabrica el producto y llega al consumidor final, los materiales, productos y bienes pasan de una empresa a otra. Estas reciben las mercaderías cuando las compran y deben guardarlas y custodiarlas hasta que las venden y les dan salida del almacén.

El almacén, además de esta función principal, tiene otras funciones que estudiaremos en el siguiente epígrafe.

En la imagen vemos un ejemplo de almacén como edificio independiente, es decir, en esta nave industrial entran mercaderías que son vendidas y transportadas a otras empresas. No hay una zona de venta o exposición donde se vendan los productos, sino que estos se venden a través de web o de otros canales mediante los cuales las empresas clientes realizan los pedidos, que se preparan y se les da salida para que el transportista los lleve a su destino.

5. Estructura de almacén: tipos, funciones y zonas

En ocasiones, Daniel recuerda el almacén con seis estanterías de aquella pequeña papelería a la que fue a servir un pedido. Otras veces, se lamenta por no poder competir con grandes empresas como Amazon, cuyos almacenes son enormes y están repartidos por diversos puntos del planeta. Daniel decide averiguar qué tipos de almacenes existen, así como las funciones que se desempeñan en los mismos y las zonas en las que se encuentran divididos.

Los almacenes son muy variados, ya que las empresas que integran el mercado también son variadas. Por tanto, podemos clasificarlos en diferentes tipos según distintos criterios: **el régimen jurídico, el tipo de mercancía almacenada, la función logística, la ubicación y la localización.**

Según el **régimen jurídico,** los almacenes pueden ser:

> **Almacén en propiedad**
> - El almacén en propiedad es aquel que pertenece a la empresa. En contabilidad general o contabilidad financiera se tiene en cuenta como un activo de la empresa.

> **Almacén en alquiler**
> - El almacén en alquiler es aquel que no pertenece a la empresa. En contabilidad general o contabilidad financiera se tiene en cuenta como un gasto en la cuenta de arrendamientos. Es habitual de empresas que no pueden adquirir el almacén en propiedad o en empresas que trabajan de manera temporal. Por ejemplo, las UTE o Unión Temporal de Empresas.
> - Este tipo de almacén es muy propio de empresas que trabajan en proyectos temporales, como en el caso de la construcción de un tramo de carretera o autovía, un puente, etc.

Según el tipo de **mercancía almacenada,** los almacenes pueden ser:

⮞ **Almacén de materias primas.** En este tipo de almacén se almacena toda la materia prima que se necesita para iniciar el proceso de producción.

Es decir, las empresas que extraen los recursos de la naturaleza, almacenan estos recursos que, posteriormente, venden a otras empresas que se encargarán de producir o fabricar un producto.

Por ejemplo, una empresa agricultora de viñedos recoge uva y debe almacenarla para, posteriormente, venderla a bodegas o a fabricantes de vinos o productos vitivinícolas.

- **Almacén de productos semiterminados o en curso.** Aquí se almacena aquellos productos que se encuentran en curso en el proceso de producción o aquellos semiterminados que se venderán a otras empresas que se encargarán de terminarlos o finalizarlos.

  Por ejemplo, una empresa vitivinícola productora de distintos tipos de vino. Es posible que, en alguno de los pasos del proceso que debe seguir, necesiten que el caldo fermente, repose, etc., así como almacenar mientras tanto ese vino que se encuentra a medio hacer.

- **Almacén de productos terminados.** Una vez que se ha terminado el producto, este se debe almacenar hasta su venta a los distribuidores, mayoristas y minoristas, que se encargarán de que el producto llegue al consumidor final. Es el habitual de cualquier empresa intermediaria.

  Por ejemplo, un supermercado compra y vende botellas de vino. Cuando recibe el pedido, las guarda en el almacén hasta que les da salida a tienda para ser vendidas a los clientes.

- **Almacén de recambios.** En este tipo de almacén se guardan recambios, piezas, partes o elementos que se necesitan en el proceso productivo. Son materiales que no se venden al consumidor final como tal, salvo en caso de avería del producto, que se suele tramitar a través de un servicio técnico, de mantenimiento o del minorista donde se adquirió el producto.

  Por ejemplo, una empresa de recambios se dedica a las piezas de repuesto en los coches. Vende todos aquellos relacionados con la limpieza de cristales, ruedas, dirección, frenos, etc. En este caso, el usuario tiene una avería o desperfecto en el coche y necesita solo esa pieza, no el coche (producto) entero.

- **Almacén de materias auxiliares.** Aquí se almacenan complementos de un producto final. Es decir, aquellos elementos que intervienen de manera indirecta en el proceso de producción o fabricación.

  Por ejemplo, una empresa química que vende colorantes, pigmentos, etc., a otras empresas que fabrican cinturones, zapatos u otros complementos de vestir y a empresas que fabrican pinturas, tintes, plásticos, etc.

- **Almacén de envases y embalajes.** Aquí se almacenan los envases y embalajes que se destinan a terminar el proceso de producción; botellas, cajas, etiquetas, bolsas, etc., de diferentes tamaños y materiales.

  Por ejemplo, una empresa que se dedica a la compraventa de cajas, botellas, bolsas, etc. Una empresa minorista puede comprar bolsas de papel o tela para luego enviarlas a serigrafiar y entregarlas a sus clientes cuando compran productos.

Según la **función logística,** los almacenes los podemos clasificar en:

⮕ **Almacén de tránsito, *cross dock* o plataforma de distribución.** No se trata de un almacén como tal, ya que son áreas de tránsito. La mercancía no se almacena por un largo período de tiempo, sino que entra por un período muy breve de tiempo y vuelve a salir. Son puntos intermedios en la distribución. No hay que esperar a venderla, ya que está vendida desde el origen.

Por ejemplo, un proveedor alemán realiza diferentes envíos a varios clientes en España. Sin embargo, tiene un punto intermedio, almacén en tránsito, *cross dock* o plataforma de distribución en Barcelona. Es decir, envía la mercancía desde Alemania hasta Barcelona, y desde allí se distribuye a las diferentes empresas clientes.

Los almacenes que hay en puertos, aeropuertos, estaciones de ferrocarril, etc., son un claro ejemplo de este tipo de almacén de tránsito. La mercancía llega mediante un camión, se almacena brevemente en este almacén para, posteriormente, ser cargada en un barco u otro medio de transporte. La mercancía ya está vendida desde el origen, solo hay que transportarla mediante todas las empresas de transporte intervinientes.

Según la **ubicación,** encontramos:

Almacén en propiedad
Es aquel que se encuentra dentro de un edificio o cubierto.

Almacén de exterior
Es aquel que se encuentra fuera de un edificio o se encuentra descubierto. Aquí se almacenan mercancías a las que no les afecte el hecho de estar al aire libre. Son más comunes para materiales utilizados en la construcción o de carácter industrial. Cabe recordar que también se puede almacenar en este tipo de almacén mercancía que ya venga correctamente embalada y, por consiguiente, no le afecten las condiciones atmosféricas ni medioambientales.

Según la **localización,** los almacenes los clasificaremos en:

> **Almacén central**
> El almacén central almacena productos que, después, se distribuyen a otros almacenes.

> **Almacén regional**
> El almacén regional se suministra del almacén central y distribuye, después, a otros almacenes de dicha región. Su *stock* es más pequeño, ya que abastece a una zona más delimitada. El almacén regional corresponde a un área delimitada.

◉ EJEMPLO

Un almacén regional puede surtir a toda una comunidad autónoma (Andalucía), a unas provincias (Almería, Granada, Málaga y Jaén) o a unas zonas concretas (Alpujarras granadina y almeriense, Sierra de Cazorla y Serranía de Ronda), dejando sin abastecer a los municipios costeros de Almería, Granada y Málaga, que dependerán de otro almacén.

5.1. Funciones de un almacén

Además de las funciones de guardar y custodiar la mercancía, las funciones que cumple un almacén son:

- **Almacenamiento de productos:** la función principal del almacén es la guarda y custodia de los bienes y mercancías antes de su distribución y/o venta. Este almacenaje debe estar organizado, es decir, los productos o bienes deben estar colocados en cajones, estanterías, armarios, etc., de manera clasificada e identificada para su fácil localización dentro del almacén.
- **Recepción y despacho:** otra de las funciones es la recepción y salida de las mercancías en el almacén. Cuando las mercancías llegan al almacén, se les debe dar registro de entrada en los programas SGA o Sistemas de Gestión de Almacén. De igual manera, cuando se venden, se les debe dar salida o dar de baja en el programa informático cuando se entrega a la empresa de reparto o de transporte para su distribución.

- ⮑ **Control de inventario:** la función de inventario consiste en contar las unidades de los productos físicamente y comprobar que coinciden con lo que indica el sistema informático, el cual hallará la diferencia entre las unidades que entran y las que salen, indicando cuántas deben quedar en el almacén. Se contarán físicamente y se comprobará que, efectivamente, coinciden.

  Si el resultado que arroja el ordenador no coincide con el recuento físico real, significa que se han registrado mal las entradas y/o salidas en el sistema, que los productos han desaparecido (en el caso de que falten) o que los productos han aparecido solos en el almacén (en el caso de que sobren). Esto último sería, obviamente, un hecho improbable.

- ⮑ **Mantenimiento de la calidad:** el mantenimiento de la calidad consiste en mantener o perpetuar la calidad del producto o bien. Algunas mercancías deben tener una temperatura adecuada, un grado de humedad adecuado y/o una luminosidad adecuada. Por tanto, es función del departamento de almacén mantener temperatura, grado de humedad, ventilación, iluminación y otros factores medioambientales propios para que los productos o bienes no se estropeen y no se echen a perder.

- ⮑ **Seguridad:** la función de seguridad consiste en garantizar la seguridad de los productos almacenados, la de los empleados y la de los proveedores, clientes u otras personas que se puedan encontrar en la empresa. Para ello, se pueden tomar las medidas de seguridad necesarias como la instalación de cámaras de seguridad, alarmas y otros dispositivos antiincendios y sistemas y dispositivos de seguridad antirrobos.

- ⮑ **Optimización de espacio:** la función de optimización del espacio consiste en organizar y colocar los productos de manera eficiente y ordenada maximizando la capacidad y el espacio del almacén y ahorrando costes de almacenamiento.

NOTA

Un almacén dispone de diferentes zonas según cuál sea la función principal que se desempeña en cada una de ellas.

6. Diseño de almacenes

☞ HILO CONDUCTOR

En el último año, Daniel ha reestructurado la organización del almacén hasta en ocho ocasiones. Ninguna de las que ha probado hasta el momento le convence, por eso sigue intentándolo. Ha decidido informarse sobre el diseño de los almacenes, a ver si así se puede aclarar y decidir por una organización óptima para el almacén de Mayorasa.

Cuando se construye y se monta un almacén hay que tener en cuenta todas las funciones que se desempeñan en el almacén y así definir las diferentes zonas, sus accesos y la comunicación entre ellas. En un almacén debemos distinguir las zonas de: almacén, servicios, recepción y control, devoluciones, *stock* y reserva, preparación de pedidos o *picking*, salidas o *packing* y verificaciones, y oficinas y servicios. Todas las zonas del almacén deben garantizar la prevención de riesgos laborales de los trabajadores y la seguridad de todas las personas (proveedores y clientes) que puedan transitar por el almacén con motivo de la actividad de la empresa.

6.1. Zonas de almacén

Es una de las zonas principales y de las más amplias dentro de todo el almacén. En esta zona se encuentran las estanterías, cajones, armarios y todo aquel mobiliario y estructuras necesarias para colocar de manera organizada el *stock*. La organización de este espacio es muy importante porque así se puede optimizar el aprovechamiento del espacio y se pueden reducir costes. La zona de almacén, así como la zona de *stock*, deben tener pasillos amplios donde se pueda circular con las máquinas elevadoras cargadas con palés voluminosos y pesados, y con zonas de tránsito para peatones en las que puedan circular las personas en calidad de peatón.

La zona de almacén debe ser amplia, tanto para colocar las mercancías como para permitir el tránsito y maniobras de vehículos de maquinaria y de tránsito de peatones y trabajadores.

6.2. Zona de servicios

Aparte de todas las tareas y funciones relacionadas directamente con la actividad de almacenaje, debe existir alguna zona donde se prestan otra serie de servicios relacionados con la actividad de manera más indirecta. En esta zona de servicios se desempeñan funciones como guardar máquinas, herramientas y utensilios para el mantenimiento, carga de baterías para las carretillas eléctricas y demás máquinas, espacios para palés o embalajes vacíos, taller para reparación y mantenimiento de las máquinas, etc.

6.3. Zona de recepción y control

En esta zona se recibe la mercancía cuando llega el pedido. Los camiones o furgonetas descargan la mercancía que debe ser verificada y clasificada. Aquí se puede detectar las mercancías que vienen dañadas para su devolución. El resto se clasifica y se le da entrada o de alta en el SGA o Sistema de Gestión de Almacén, es decir, en el programa informático o *software* de gestión en el que vamos a controlar las mercancías que entran y salen en el almacén.

 TAREA 1

En el SGA del almacén donde trabaja Gema, encontramos la siguiente imagen en la pantalla del ordenador. Ayuda a Gema a encontrar las respuestas a las siguientes preguntas:

Continúa en página siguiente >>

<< Viene de página anterior

1. ¿De qué tipo de documentos se trata?
2. ¿Quién es el proveedor?
3. ¿De qué familias de productos es la mercancía?
4. ¿Cuál es el importe neto?
5. ¿Cuál es el importe bruto?

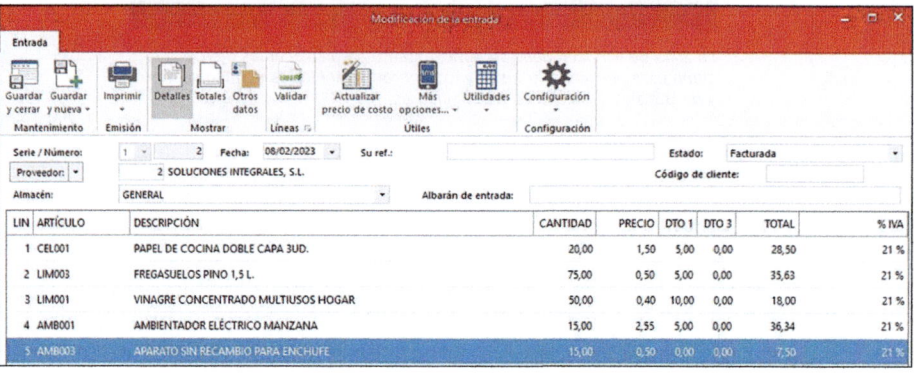

6.4. Zona de devoluciones

En esta zona se reciben las mercancías que son devueltas por los clientes. En este caso, se examina el estado de las mercancías y se comprueba si están correctas o no. En el caso de que la mercancía esté correcta se puede volver a dar de alta en el *stock* y se vuelve a colocar en su sitio correspondiente en el almacén para su reutilización. Procediendo a la devolución del dinero al cliente. En el caso de que la mercancía venga en mal estado, averiada o con cualquier otra incidencia, se devolverá al proveedor, productor o fabricante para su reparación o sustitución.

6.5. Zona de *stock* y reserva

La zona de *stock* y reserva del almacén es sinónimo de la zona de almacenaje o almacén, es decir, el espacio donde se ubican las mercancías durante un período de tiempo hasta que son vendidas. Abarca el espacio donde están ubicadas las estanterías, armarios, cajones e infraestructuras donde se colocan las mercancías, así como los pasillos y accesos a las mismas.

6.6. Zona de preparación de pedidos

Esta zona también se le denomina zona de *picking* y/o *packing*. En este punto debemos distinguir dos actividades principales:

Picking	Este vocablo procedente del inglés significa recolectar, escoger o buscar. Estas funciones están relacionadas con el hecho de elegir o escoger, de entre todo el *stock*, los artículos que se han vendido y que el cliente nos solicita en su pedido. Aquí se prepara el pedido recibido para enviárselo al cliente comprador.
Packing	Este término, también procedente del idioma anglosajón significa, empaquetar o embalar. En la zona de preparación de pedidos se realizan las funciones de empaquetado, etiquetado, paletización o el proceso que sea necesario para darle salida al pedido.

En la zona de preparación de pedidos se embalan las mercancías y se empaquetan en cajas. Además, esas cajas se etiquetan con información acerca de su contenido y de la dirección del cliente destinatario. La mercancía debe estar bien embalada para que no sufra daños durante su transporte y llegue en perfecto estado al comprador.

Estas funciones de preparación de pedidos son las que mayores costes involucran en la actividad de almacén, de ahí la importancia de escoger un buen método o proceso según sea la habitualidad de pedidos, según la situación o actividad de la empresa.

6.7. Zona de salidas y verificaciones

También se denomina zona de expedición. Aquí se comprueba que todas las mercancías están debidamente embaladas y empaquetadas y se da salida o baja en el SGA o Sistema de Gestión de Almacén del *stock* correspondiente. Se organizan para cargarlas en los camiones o furgonetas de transporte.

6.8. Zona de oficinas y servicios

En esta zona es donde se encuentran las oficinas o despachos del personal administrativo y/o dirección. Además, podemos encontrar otras dependencias para el personal de la empresa como los baños, vestuarios, comedor, etc.

El vestuario es una sala donde el personal se cambia de ropa para ponerse o quitarse el uniforme de la empresa. Suele contar con taquillas o armarios donde guardan su ropa y otros objetos personales como bolsos, mochilas, etc. Deben contar con vestuarios separados o diferenciados para hombres y mujeres.

7. Dimensiones y capacidades

 HILO CONDUCTOR

El almacén de Mayorasa tiene una superficie total de 1.000 m² y una altura de 10 m. Sin embargo, Daniel sabe que no toda la superficie le sirve de almacén,

Continúa en página siguiente >>

<< Viene de página anterior

ya que tuvo que instalar baños para el personal, oficinas, un pequeño mostrador de recepción, estanterías para almacenar las mercancías, etc. Daniel va a informarse acerca de los conceptos de dimensiones y capacidades de almacenes para poder calcular, y así organizar y diseñar, el espacio de almacenamiento en su nave y optimizarlo para su actividad de almacenamiento.

Según la RAE, la **dimensión** es la magnitud medible en un espacio. Por lo tanto, la dimensión del almacén es su magnitud o tamaño.

Las dimensiones de un almacén están afectadas por los siguientes **factores:**

➲ **Medios de transporte internos.** Dependiendo del tipo de máquinas que se utilicen a nivel interno para transportar las mercancías dentro del almacén, se necesitará más o menos espacio para su tránsito y para la realización de maniobras de conducción como giros o marcha atrás.

➲ **Sistemas de almacenamiento.** Otro de los factores que hay que tener en cuenta para saber la dimensión que debe tener un almacén es el sistema o sistemas de almacenamiento a emplear. Es decir, el tipo de estanterías en las que se va a ubicar la mercancía.

➲ **Elementos de conservación.** Un almacén debe contar con unas condiciones medioambientales que cuiden, preserven y conserven las mercancías en perfecto estado, sin que se vean afectadas por temperaturas extremas o inadecuadas, por grados de humedad o sequedad inapropiados, o por un exceso o falta de iluminación natural, entre otros. Dependiendo de estas necesidades de conservación y los diferentes sistemas, por ejemplo, la instalación de aire acondicionado o de un sistema de calefacción, influirá en las dimensiones del almacén.

➲ **Características de zonas de carga y descarga.** Las zonas de carga y descarga de las mercancías deben permitir depositar, bien en su recepción o bien en su salida, las mercancías antes o después de ser cargadas o descargas en los medios de transporte. Además, deben permitir su colocación y organización durante el proceso de recepción y control como en el proceso de salida y verificación.

El volumen de las mercancías con las que se trabaja también influye en la dimensión del almacén. No es lo mismo almacenar frigoríficos, lavadoras, lavavajillas, secadoras, etc. que complementos de vestir como bisutería, calzado, bolso, cinturones, etc., pues el espacio que ocupan es muy variable.

➲ **Ordenanzas municipales.** Nos podemos encontrar con ordenanzas municipales, provinciales o autonómicas que obliguen a contar con unos espacios y/o servicios obligatorios o con unas dimensiones mínimas obligatorias en cuanto a accesos, zonas de tránsito de vehículos y/o peatones, etc. En ese caso, la dimensión del almacén estará sujeta al cumplimiento de la exigencia de dicha normativa. Además de cumplir con las normativas de prevención de riesgos laborales, normativas contra riesgos de incendios, etc.

- **Zonas auxiliares.** Dependiendo de las zonas auxiliares o zonas de servicios que sean necesarias, la dimensión del almacén se verá obligada a ser más o menos grande. Si la empresa, por el volumen de su actividad, cuenta con una plantilla grande, los servicios, los vestuarios, el comedor o las instalaciones destinadas a los trabajadores deberán ser acordes a prestarle los servicios a estos. A su vez, si la actividad administrativa también es elevada, la cantidad o amplitud de despachos y oficinas también se verá afectada.

Una vez que se tienen en cuenta los factores que van a influir en la dimensión de un almacén, hay que tener en cuenta la capacidad que nos va a permitir el mismo.

 PARA SABER MÁS

Puedes leer y visualizar imágenes acerca de diferente tipo de maquinaria interna que se utiliza en un almacén, accediendo desde aquí:

https://redirectoronline.com/coml022po0103

También puedes leer y ver imágenes acerca de distintos tipos de estanterías para ubicar las mercancías en un almacén. Para ello accede desde aquí:

Continúa en página siguiente >>

<< Viene de página anterior

https://redirectoronline.com/coml0220104

La capacidad de un almacén es el volumen medio de las mercancías que van a ser guardadas allí, teniendo en cuenta los factores anteriormente mencionados.

Para realizar el cálculo de la capacidad máxima de un almacén se debe tener en cuenta la siguiente fórmula:

1. Cálculo del suelo o superficie útil. Es decir, la superficie en la que se va a almacenar realmente la mercancía.

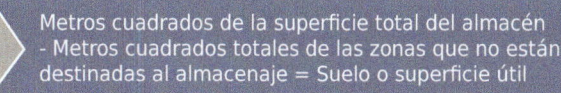

Metros cuadrados de la superficie total del almacén - Metros cuadrados totales de las zonas que no están destinadas al almacenaje = Suelo o superficie útil

2. Cálculo de la altura útil. Es decir, la altura en la que vamos a poder apilar la mercancía.
Se calculará la altura entre el suelo o superficie útil hasta el techo útil. El techo útil es la altura más baja del techo. Los techos pueden contar con falsos o dobles techos por los que van tuberías o conductos de suministros como aire, gas o agua. Ocupan espacio, pero este no sirve para apilar mercancías hasta esa altura.

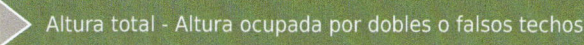

Altura total - Altura ocupada por dobles o falsos techos

3. Cálculo de la capacidad de almacén. Es decir, el volumen del espacio donde se puede apilar mercancía.

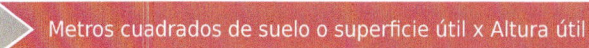

Metros cuadrados de suelo o superficie útil x Altura útil

Con esta fórmula se puede calcular cuánta capacidad de mercancía cabe en el almacén.

 TAREA 2

Carlos ha comprado una nave industrial para montar un almacén. Las medidas del almacén son las siguientes:

* 300 m de ancho x 400 m de largo x 10 m de altura.

Carlos ha decidido que lo primero que va a montar son los baños, los vestuarios, las oficinas, etc. De este modo, el resto de espacio será para el almacenaje. Estas zonas no destinadas al almacenaje ocuparán 1.000 m². Por otra parte, va a poner un falso techo por encima del cual irá todo el entramado de tuberías de aire, agua y gas. El falso techo lo va a poner a 1,5 m por debajo del techo original de la nave. Ayuda a Carlos a calcular la capacidad de su almacén.

---

8. Formas de almacenamiento

 HILO CONDUCTOR

Daniel, cuando fue repartidor antes de emprender con Mayorasa, ha conocido muchos almacenes. Sabe que son de distinto tamaño, que van enfocados a distintos tipos de empresas-clientes, que albergan diferente tipo de mercancía, etc. En su caso, los productos de papelería y oficina son productos que no caducan, que son muy pesados, salvo el mobiliario, que son de diferentes tamaños, etc. Sabe que entre sus mercancías puede haber desde una mesa de oficina a una caja de chinchetas. Por este motivo, Daniel va a averiguar acerca de las diferentes formas de almacenamiento, para saber cómo almacenar y manipular las diferentes mercancías que reciben en su almacén.

Se puede diseñar o distribuir el espacio del almacén de diferentes maneras. A esta distribución o diseño se le denomina *layout,* una palabra procedente del inglés que significa plano o puesta en papel. El *layout* es el plano de la distribución del almacén.

Para diseñar esta distribución se debe tener en cuenta el equipamiento y los elementos o técnicas de manipulación y transporte interno en el almacén.

8.1. Equipamiento de almacenes

El equipamiento de un almacén va a depender de algunos aspectos que se deberán tener en cuenta a la hora de seleccionar la maquinaria, herramientas y utensilios a utilizar. Los **aspectos que se deben tener en cuenta en la elección del equipamiento** son:

➔ **Seguridad en el trabajo.** El equipamiento debe garantizar la seguridad del empleado en su puesto de trabajo, principalmente mientras realiza sus funciones y tareas. El equipamiento debe traer manual de instrucciones acerca de su uso, debe ser seguro, traer la identificación o marcado CE, contar con los resguardos y dispositivos de seguridad para ponerlo o no en funcionamiento, etc. Para ello, se debe hacer un uso apropiado del equipamiento, así como una limpieza y mantenimiento adecuados siguiendo las indicaciones del fabricante. También se deberá revisar las conexiones, la instalación eléctrica y el estado de las baterías del equipamiento.

➔ **Ergonomía.** Según la RAE, la ergonomía es el estudio de las condiciones de adaptación de un lugar de trabajo, una máquina, un vehículo, etc., a las características físicas y psicológicas del trabajador o el usuario. Es decir, el equipamiento debe respetar las condiciones físicas y psicológicas del trabajador para no provocar accidentes ni enfermedades que puedan surgir a largo plazo. La empresa debe velar por la seguridad y buena salud del empleado eligiendo un equipamiento que prevenga la aparición de problemas de salud en el trabajador.

➔ **Automatización.** Las máquinas automáticas o la automatización de tareas favorecen que las tareas del trabajador sean más fáciles, rápidas y cómodas. Además de prevenir enfermedades o problemas de salud, ayudan a que el desempeño se ejecute más rápido y con mayor eficacia y eficiencia.

➔ **Incorporación de elementos electrónicos.** Los elementos electrónicos también favorecen que las tareas de los trabajadores sean más rápidas, cómodas y fáciles. Evitan movimientos repetitivos, forzados y forzosos favoreciendo el desempeño de las funciones de manera más cómoda y saludable al trabajador.

8.2. Elementos y técnicas de manipulación y transporte interno

La manipulación y el transporte interno son el conjunto de funciones y tareas relacionadas con el desplazamiento de las mercancías dentro del almacén para su colocación o depósito en su ubicación de almacenamiento, y el desplazamiento desde dicho punto hasta la zona de *packing* o preparación del pedido y salida del almacén.

Estos desplazamientos internos y esta manipulación de la mercancía se pueden realizar utilizando diferentes técnicas.

Las **técnicas de almacenamiento** más habituales son:

- ⮑ **Almacenamiento en bloque o en apilado.** Esta técnica consiste en apilar la mercancía una sobre otra. Es decir, las cajas, los palés, los productos, etc. se depositan unos encima de otros. El mayor inconveniente es que suele estar sujeto a un número limitado de unidades de apilado, dependiendo de la resistencia de la carga que está debajo sosteniendo al resto. Esta técnica no permite la gestión FIFO *(First In First Out),* ya que lo primero que entra en el almacén es lo último que sale, por encontrarse debajo de la pila de productos. Por el contrario, lo último que entra en el almacén es lo primero que sale por encontrarse en lo alto de la pila de mercancía.
  En consecuencia, los productos que se pueden almacenar bajo esta técnica son aquellos cuyo almacenamiento no quede limitado por el peso, así como que no cuenten con una fecha de caducidad próxima en el tiempo y se pueda almacenar por períodos más o menos largos.
  Por ejemplo, los bloques o planchas de metal se pueden almacenar con esta técnica, ya que el metal es un material resistente que aguanta mucho peso y no caduca.
- ⮑ **Almacenamiento con estanterías.** En esta técnica se emplean distintos tipos de estanterías para colocar la mercancía. Existen diferentes tipos de estanterías:

  - ☋ **Estanterías ligeras:** se utilizan para almacenar mercancías ligeras o poco pesadas. Por ejemplo, productos de ferretería, bisutería, joyería, material de papelería u oficina, etc.
  - ☋ **Estanterías de cargas largas:** se utilizan para guardar cargas largas o de gran longitud como tubos, listones, barras, mástiles, pértigas, etc.
  - ☋ **Estanterías para palés**: se utilizan para almacenar los palés. Deben resistir gran cantidad de peso y volumen. Se utiliza para cualquier mercancía que venga empaquetada y/o embalada de esta manera.

ᴑ **Estanterías especiales:** como su nombre indica, son estanterías especiales para productos que por su forma, tamaño o peso no se ajustan a las anteriores y se debe diseñar especialmente para un tipo de producto concreto, ya que las características del producto son un poco anómalas y no se ajustan a lo habitual o común.

➲ **Almacenamiento automático.** Esta técnica consiste en utilizar equipos robotizados para el transporte y manipulación de la carga. De esta manera, se gana altura a la hora de colocar las mercancías y se reducen los tiempos de actuación, además de ganar en seguridad.

9. Resumen

En esta unidad didáctica hemos estudiado el sistema logístico, en general. Para ello, hemos visto los intervinientes involucrados en el sistema o cadena de distribución:

Se ha concluido que la logística integral es una visión global o conjunta de la empresa de logística, ya que en ella se desarrollan diferentes actividades:

Para una logística integral óptima en la empresa, esta debe mantener buenas relaciones entre sus propios departamentos, y de cara al exterior, con los clientes y proveedores que integran el mercado.

Para gestionar el almacén, igual que otras empresas, es necesario seguir estrategias. Las más habituales son:

Además de estas estrategias, es necesario aplicar estrategias de precios, ya que es un factor importante en la decisión de compra del cliente. Las estrategias de precios más aplicadas en el mercado son:

Además, una vez que la empresa ha decidido fijar el precio, también puede aplicar otras estrategias de descuento como las siguientes:

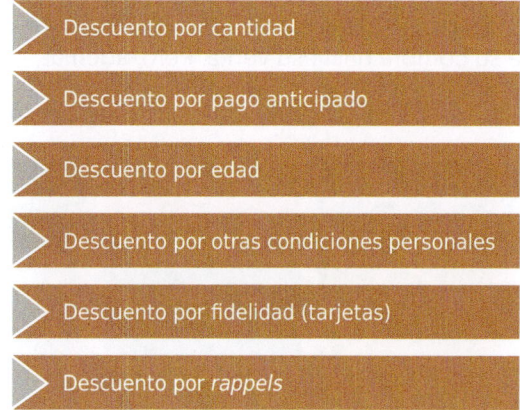

Descuento por cantidad

Descuento por pago anticipado

Descuento por edad

Descuento por otras condiciones personales

Descuento por fidelidad (tarjetas)

Descuento por *rappels*

El almacén es un lugar donde se guardan y se custodian las mercancías desde su compra hasta su venta, sin olvidar que deben llegar al cliente en buenas condiciones, es decir, sin roturas, averías, ni desperfectos.

Existen distintos tipos de almacén en base a distintos criterios:

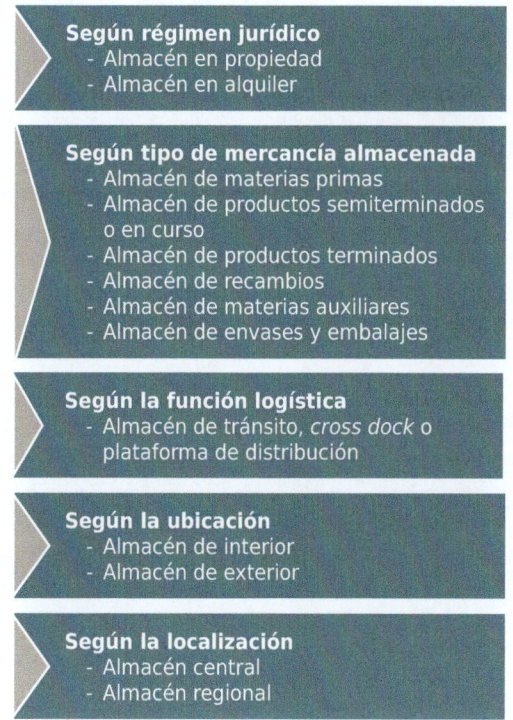

Según régimen jurídico
- Almacén en propiedad
- Almacén en alquiler

Según tipo de mercancía almacenada
- Almacén de materias primas
- Almacén de productos semiterminados o en curso
- Almacén de productos terminados
- Almacén de recambios
- Almacén de materias auxiliares
- Almacén de envases y embalajes

Según la función logística
- Almacén de tránsito, *cross dock* o plataforma de distribución

Según la ubicación
- Almacén de interior
- Almacén de exterior

Según la localización
- Almacén central
- Almacén regional

La función principal de un almacén es la de guardar y custodiar las mercancías desde su compra hasta su venta. Pero, además, cumplen otras funciones como:

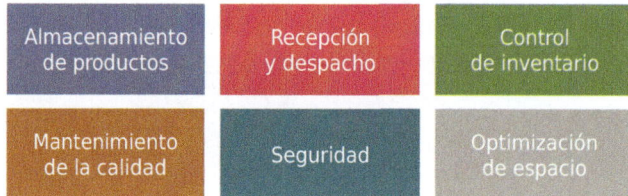

El almacén, además de guardar mercancías, consta de otras zonas donde se desempeñan las diferentes funciones mencionadas anteriormente. Podemos distinguir las siguientes zonas dentro de un almacén:

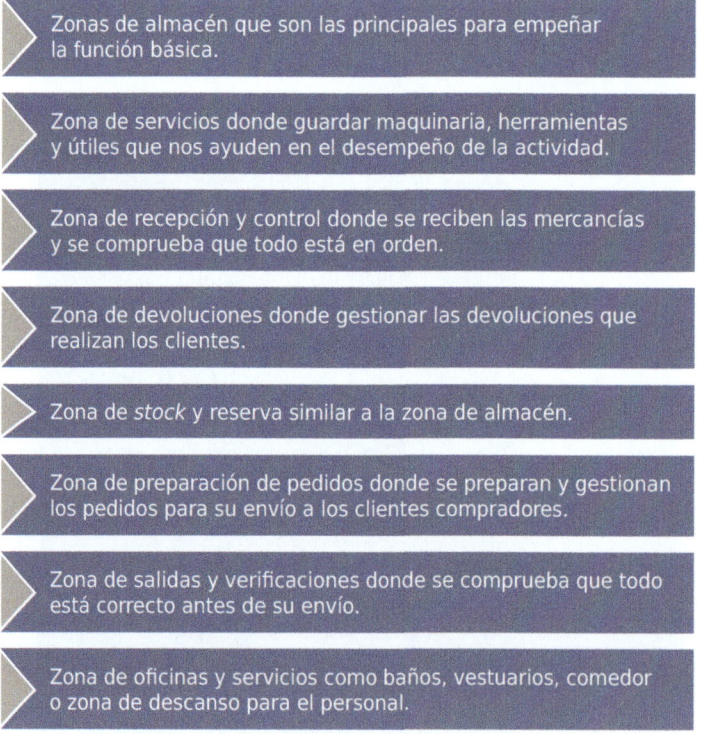

Aunque el almacén se vea como un espacio diáfano en el que almacenar materiales, antes de empezar a almacenar productos, se deben tener en cuenta los siguientes factores que afectan a la dimensión de un almacén:

Los aspectos que se deben tener en cuenta son:

Por último, hemos estudiado las técnicas de almacenamiento más habituales como son:

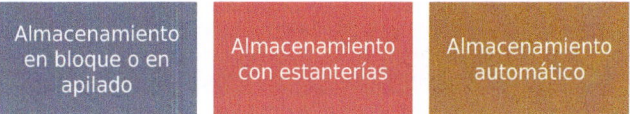

Ejercicios de autoevaluación
Unidad de Aprendizaje 1

1. **Indica cuál de las siguientes empresas en la distribución comercial vende sus productos al consumidor final:**

   a. Empresa fabricante
   b. Empresa productora
   c. Empresa mayorista
   d. Empresa minorista

2. **Cuando la estrategia de almacén se focaliza en la gestión de la cantidad de mercancías que entran y salen, estamos ante una:**

   a. Estrategia de ubicación
   b. Estrategia de reducción de costes
   c. Estrategia de *stock*
   d. Estrategia de precios

3. **Imagina un producto en el que se embalan dentro de un mismo envase un bote de champú, un bote de gel, un frasco de desodorante y un frasco de colonia a un precio total de 20,50 €. En la estrategia de precios estaríamos hablando de:**

   a. Precio de línea
   b. Precio *pack* o todo incluido
   c. Precio impacto
   d. Precio líder

4. **Indica a qué estrategia de descuento pertenecen cada una de las siguientes acciones:**

Acción	Estrategia de descuento
Si la compra es mayor de 1.700 unidades se aplica el 1,5 % de descuento.	
Por compra superior a 100 € se le regala al comprador 50 puntos.	

Continúa en página siguiente >>

[47]

<< Viene de página anterior

Acción	Estrategia de descuento
Si la facturación está comprendida entre 60.000 € - 90.000 €, se aplica 2 % de descuento sobre el total facturado.	
Si el comprador paga 2 meses antes de lo acordado, recibe 8 % de descuento.	
Si el comprador es menor de 25 años, se le aplica el 25 % de descuento.	

5. Los vestuarios del personal del almacén se encuentran dentro de la:

    a. Zona de almacén
    b. Zona de recepción
    c. Zona de salida
    d. Zona de oficinas y servicios

6. Cuando llega un paquete que nos envía un cliente porque el producto está defectuoso, el paquete se ubica primero en:

    a. Zona de recepción
    b. Zona de devoluciones
    c. Zona de almacén
    d. Zona de servicios

7. La acción de embalar los productos para el envío al cliente se denomina:

    a. *Stock*
    b. *Layout*
    c. *Packing*
    d. *Picking*

8. El hecho de que un ayuntamiento obligue, por normativa, a unos metros cuadrados mínimos como superficie de una nave industrial a empresa mayorista, es un factor influyente que afecta a las dimensiones del almacén. A cuál de estos factores se está refiriendo:

    a. Ordenanzas municipales
    b. Elementos de conservación
    c. Zonas auxiliares
    d. Características de zonas de carga y descarga

9. A la hora de elegir el equipamiento del almacén, el hecho de tener en cuenta la postura del trabajador en el desempeño de sus funciones hace referencia al aspecto de:

    a. Seguridad en el trabajo
    b. Ergonomía
    c. Automatización
    d. Incorporación de elementos electrónicos

10. El hecho de colocar cajas de *briks* de leche una encima de otra, hasta un máximo de 7 unidades o alturas, se denomina:

    a. Almacenamiento en bloque o apilado
    b. Almacenamiento en estanterías
    c. Almacenamiento automático
    d. Almacenamiento por dron

Procesos de recepción y distribución de mercancías

Contenido

Objetivos

El objetivo general de esta Unidad de Aprendizaje es:

→ Conocer los procesos de recepción de mercancías y la distribución de las mismas en el almacén.

Los objetivos específicos de esta Unidad de Aprendizaje son:

→ Aprender la importancia de la inspección a la hora de recibir las mercancías en el almacén.

→ Diferenciar los criterios de separación de mercancías a la hora de organizarlas y distribuirlas en el almacén.

1. Introducción

El proceso logístico se inicia cuando compramos el producto al proveedor. Inmediatamente, nos lo enviará a través de un servicio de transporte propio o externo, para que llegue a nuestras instalaciones.

Lo primero, después de la compra, en el sistema logístico es la recepción de la mercancía. Debemos inspeccionar que todo lo que recibimos, se corresponde con lo que hemos pedido al proveedor: tipos de productos, cantidades, referencias, precios, etc.

Una vez que hemos comprobado si todo está en orden o no, debemos proceder a separar los productos para organizarlos y colocarlos en su ubicación dentro del almacén.

A lo largo de esta unidad de aprendizaje vamos a seguir con nuestra empresa Mayorasa. La empresa mayorista de productos de papelería y material y mobiliario de oficina, con una nave-almacén en un polígono industrial ubicado fuera de una ciudad de unos 500.000 habitantes. La empresa compra material a diferentes proveedores y, posteriormente, lo vende a distintas tiendas minoristas como papelería o hipermercados con sección de papelería.

2. Inspección en recepción

 **HILO CONDUCTOR**

Daniel, el gerente de Mayorasa, es consciente de que, cada vez que reciben mercancía, se forma un pequeño caos en la empresa. Sus trabajadores no saben qué hacer. Algunos optan por dar la mercancía de alta en el ordenador. Otros optan por colocarla inmediatamente en las estanterías para que no obstaculicen los accesos y la llegada de otra mercancía. Otros optan por revisarla antes que nada para ver si todo está correcto. Así que Daniel decide investigar acerca de cómo debe ser la recepción de la mercancía, para conocer qué pasos deben seguir cuando descargan la misma.

Podemos diferenciar las siguientes **fases** o pasos en el sistema logístico:

Solicitud de pedido al proveedor

Recepción de mercancías

Colocación o distribución de mercancías en el almacén

Preparación de pedidos vendidos al cliente

Distribución o transporte de pedidos al cliente

Cierre del proceso logístico

Una vez que se reciben las mercancías en el almacén, se debe proceder a la inspección de las mismas. Es decir, hay que revisar que el pedido recibido coincide con la solicitud de pedido que se envió al proveedor. Se debe comprobar que las mercancías corresponden a los artículos solicitados en cuanto a cantidades, tamaños, formas, colores, precios, buen estado de los artículos, etc.

 **DEFINICIÓN**

Inspección
Comprobación, recomendablemente con algún testigo o persona interesada, de las mercancías para hacer constar en un acta o documento los resultados de dicha observación.

La inspección es una fase opcional, dentro del proceso de recepción de la mercancía, pero es muy recomendable para, en caso de detectar algún error, poderlo subsanar o, al menos, comunicar al proveedor. De lo contrario, es más difícil formular la reclamación posteriormente.

Existen dos **momentos** para realizar las inspecciones:

- **Inspección de entrada.** Se realiza cuando se recibe la mercancía en el almacén. En este momento se comprueba que el buen estado de los artículos, las cantidades recibidas, las referencias, los colores, tamaños, formas, etc. En el caso de detectar algún error, se le debe comunicar de manera inmediata al proveedor para localizar si el error lo ha cometido el proveedor o la empresa de transporte.
Por ejemplo, hemos solicitado 1.000 unidades de un artículo. Recibimos realmente 700 unidades. Esto significa que el proveedor preparó mal el pedido y nos ha enviado menos unidades. Otra posibilidad es que el pedido lo preparase correctamente y se hayan extraviado 300 unidades en el proceso de transporte.
- **Inspección de salida.** Se realiza cuando enviamos un pedido a un cliente. En este caso, nosotros somos su proveedor. Es conveniente comprobar que la mercancía sale en buen estado, en la cantidad y con las características correctas en base a lo que el cliente ha solicitado.
En caso de reclamación, podemos acreditar que la mercancía salió de nuestro almacén de manera correcta.
Por ejemplo, un cliente solicita 800 unidades de un artículo cuya referencia es 458/5216/AFDS. Comprobamos que el artículo se corresponde con dicha referencia, que la cantidad que enviamos son 800 unidades y que la mercancía se encuentra en buen estado.

Un almacén compra grandes volúmenes de cantidades de mercaderías. Si se pretende comprobar toda la carga, es decir, toda la mercancía en la inspección de entrada, el coste de esfuerzo y tiempo sería muy elevado. Por eso, lo más habitual es seguir un sistema aleatorio que elija al azar un volumen parcial de mercancía, que será el que inspeccionemos. Si ese volumen seleccionado presenta desperfectos, deterioros o averías, se puede optar por seleccionar otros volúmenes parciales, ya que podría ser fruto de la casualidad que en la primera selección hayamos escogido un lote defectuoso. Si tras la comprobación de varios lotes aleatorios comprobamos que hay deficiencias, podríamos etiquetar la mercancía como rechazada y hablar con el proveedor.

La inspección la realizarán técnicos de calidad u operarios cualificados al respecto.

Los **puntos que se deben verificar** en la inspección son:

- **Cantidad y tipo de mercancía:** se debe verificar que la cantidad recibida y el tipo de mercancía se corresponden con el pedido que se realizó al proveedor y con el albarán de entrega que nos presenta el transportista.

➲ **Estado de la mercancía:** se debe verificar que el aspecto exterior de la mercancía es óptimo y se corresponde con un aparente buen estado. Aquí, el buen estado del artículo solo se comprueba en cuanto a la apariencia exterior, por ejemplo, que no esté roto, ni mojado, ni doblado, ni decolorado, etc. Obviamente, según qué artículos, no podremos comprobar su funcionamiento, hasta que este sea adquirido y utilizado por el cliente. Se entiende que el correcto funcionamiento de un artículo se comprobó en el control de calidad a la hora de fabricarlo o producirlo, y antes de su primera venta en el eslabón de distribución comercial.

La mercancía contenida en cajas que llegan rotas, dobladas o arrugadas, mojadas, etc., tiene mayor probabilidad de encontrarse deteriorada en su interior. Estos deterioros se pueden deber a las malas condiciones de transporte.

Una vez realizada la inspección de entrada, los artículos quedarán etiquetados en tres **estados básicos:**

➲ **Aceptado.** Significa que las mercaderías cumplen con los requisitos esperados de su solicitud. En consecuencia, dichas mercaderías son válidas para almacenarlas y venderlas.

Por ejemplo, una zapatería minorista ha solicitado a su proveedor 100 pares de zapatos con tacón, de fiesta, de color verde botella entre las tallas de números 37 a 40. Cuando llega el pedido comprueban que la mercancía es correcta y la etiquetan como material "aceptado".

➲ **Condicionalmente aceptado.** Significa que las mercancías incumplen algunas de las condiciones previamente estipuladas, pero aun así, se acepta porque se puede vender y se alcanza algún acuerdo con el proveedor modificando alguna condición del contrato. Es decir, si recibimos mercancía que no cumple algún requisito de tipo, color, tamaño, cantidad, etc., pero es vendible, podemos acordar con el proveedor un nuevo precio, o una forma de pago distinto, etc., de modo que si el proveedor acepta esa nueva condición, aceptamos la mercancía. En caso contrario, podríamos rechazarla y devolverla, ya que no cumple los requisitos solicitados. Sin olvidar que el envío de los materiales rechazados conllevan un coste que deberá asumir quien haya cometido el error. De ahí que, si no es un incumplimiento grave, se llegue a un acuerdo entre proveedor y cliente y este asuma la mercancía.

Por ejemplo, una zapatería minorista ha solicitado a su proveedor 100 pares de zapatos con tacón, de fiesta, de color verde botella entre las tallas de números 37 a 40. Cuando llega el pedido comprueban que la mitad de la mercancía corresponde a zapatos de color rojo. El dueño de la zapatería no había solicitado ese color, ya que disponían de él en el almacén. Sin embargo, acepta quedarse con dicha mercancía a condición de que haya una rebaja en el precio, ya que ha sido el proveedor quien se ha equivocado en el envío. En este caso, al proveedor le supone mayor coste asumir el envío de la devolución que rebajar el precio a la zapatería. Una vez alcanzado el acuerdo, el dueño de la zapatería minorista decide quedarse con la mercancía, etiquetando a los zapatos rojos como "condicionalmente aceptado".

➲ **Rechazado.** Significa que las mercaderías presentan defectos o deterioros no reparables y, en consecuencia, la mercancía no es vendible. Es necesario informar para que el proveedor se haga cargo de la devolución de dicho material o para que el fabricante o productor lo tenga en cuenta y detecte y corrija el error en el proceso de producción o fabricación.

Por ejemplo, una zapatería minorista ha solicitado a su proveedor 100 pares de zapatos con tacón, de fiesta, de color verde botella entre las tallas de números 37 a 40. Cuando llega el pedido comprueban que la mercancía esta mojada por algún liquido o sustancia que ha provocado que los zapatos estén acartonados, arrugados y descoloridos. Se etiqueta ese material como "rechazado" y se habla con el proveedor para gestionar su devolución, ya que ese calzado no se puede vender.

Estos estados pueden ser más dependiendo de la precisión del programa SGA o Sistema de Gestión de Almacenes.

Cuando no existían los sistemas informáticos, el departamento de almacén le indicaba al de compras qué mercaderías eran las que faltaban en *stock*. Compras solicitaba el pedido al proveedor, enviando una copia de dicho pedido a almacén, para que pudiesen hacer la comprobación a la recepción de las mismas.

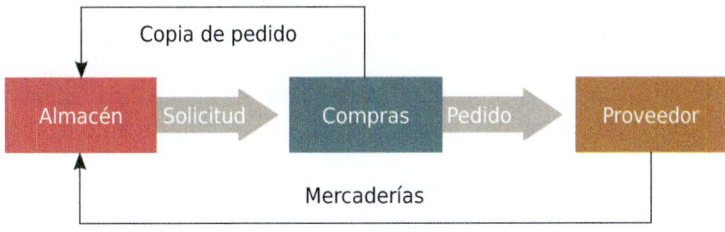

En la actualidad, gracias a los SGA o Sistemas de Gestión de Almacenes, cualquier departamento implícito de la empresa puede acceder al sistema y ver los pedidos, albaranes, facturas, etc. De este modo, el departamento de compras realiza el pedido al proveedor y, desde el almacén, pueden acceder al pedido para realizar la inspección o comprobación de las mercaderías recibidas.

Es imprescindible que desde almacén puedan acceder al listado de las mercancías del pedido a proveedores, bien sea por copia en papel o por acceso informático, para que la comprobación sea instantánea y para que el operario o persona que realiza la inspección pueda tomar decisiones en el momento.

 **APLICACIÓN PRÁCTICA**

Daniel, ha recibido un pedido de 2.000 paquetes de folios de 500 cada paquete. Viene embalado en cajas de cartón que contienen 100 paquetes cada caja. Una de ellas, aparece rota y mojada. En consecuencia, analiza el contenido y ve que los folios están mojados y arrugados. Ayuda a Daniel a identificar cuál de los siguientes estados es con el que deberá etiquetar dicha mercancía.

- **Aceptado**
- **Condicionalmente aceptado**
- **Rechazado**
- **En espera a negociar con el proveedor**

Solución

Al estar mojados y arrugados los folios ya no se pueden vender, por tanto esa mercancía queda rechazada.

La mercancía "aceptada" es la que viene con todos los cumplimientos del pedido.

La mercancía "condicionalmente aceptada" es aquella que aceptamos bajo la condición de enmendar la imperfección o el incumplimiento del pedido.

La mercancía "en espera a negociar con el proveedor" no es uno de los estados básicos. Si bien hay sistemas que pudieran traer esa opción, mientras se llega a un acuerdo con el suministrador, esta posibilidad podría darse si el material fuese vendible posteriormente.

 **TAREA 3**

Pilar es la responsable de almacén de una tienda de ropa. Hoy acaba de comunicar a la empresa una ILT (incapacidad laboral transitoria) por un accidente doméstico sufrido en su casa. Le sustituye en funciones Eva, por ser la que mayor antigüedad tiene el departamento de almacén. Acaba de llegar un pedido de 5 cajas de faldas. Describe qué proceso debe seguir Eva desde que el transportista descarga las cajas hasta que las coloca en su sitio habitual.

3. Clasificación de los productos a almacenar

☞ HILO CONDUCTOR

En Mayorasa ya han aprendido que lo primero que deben hacer cuando reciben la mercancía es inspeccionarla. Ahora deben aprender a separar la mercancía para organizarla y ubicarla en sus ubicaciones. Para ello, Daniel, el gerente, va a informarse acerca de los distintos criterios que pueden seguir y así decidir cuál aplicar.

En el presente epígrafe nos vamos a centrar en la fase de colocación o distribución de mercancías en el almacén. Una vez que ya se ha inspeccionado la mercancía, se debe clasificar o separar los tipos de productos para ubicarlos en el almacén. Para ello se debe tener en cuenta diversos criterios.

Cabe recordar que la mercancía se podrá mover dentro del almacén varias veces, es decir, se puede cambiar de ubicación cuantas veces queramos. Para ello, toda mercancía trae un código de barras que nos proporcionará información y el recorrido de esa mercancía. Si bien es cierto que lo más idóneo es ubicar la mercancía en un sitio o dirección definitiva dentro del almacén. Cuantos menos desplazamientos, menor manipulación, menores riesgos laborales y menor riesgo de dañar la mercancía.

Una vez que se separa la mercancía según vaya a ser su ubicación en el almacén, se le dará entrada en el sistema informático para que conste en el inventario del almacén.

Los **criterios o reglas de separación de mercancías** para su ubicación en el almacén son:

- **FEFO.** Este acrónimo procede del inglés *First Expires, First Out,* es decir, "lo primero que caduca, lo primero que sale". Se prioriza la salida del almacén a todos aquellos productos que caducan primero. Este método evita que el *stock* se convierta en *stock* muerto que no podemos vender por haber caducado en el almacén.
- **FIFO.** Este acrónimo procede del inglés *First In, First Out,* es decir, "lo primero que entra, lo primero que sale". Se prioriza la salida del almacén a lo más antiguo. En estos casos, ante productos con igual fecha de caducidad, se prioriza a los que se adquirieron primero.
  Los métodos FEFO y FIFO son métodos combinables. Se utilizan mucho en almacenes donde se trabaja con productos que tienen caducidad como los alimentos o los medicamentos.
- **Tasa de rotación.** Con este criterio o regla se prioriza los productos que rotan más en el almacén, es decir, tiene prioridad lo más vendible. La ubicación de esta mercancía es importante para facilitar las tareas de *picking.* Una mercancía que se vende con mucha frecuencia, necesita estar accesible para el *picking* y cerca de la zona de *packing* y preparación de pedidos. Los productos que no se venden tan a menudo se pueden ubicar en zonas más alejadas.
- **Estado de la mercancía.** Otro criterio para organizar las mercaderías es según el etiquetado tras la inspección. La mercancía aceptada o condicionalmente aceptada podrá colocarse en los sectores del almacén, mientras que la mercancía rechazada deberá colocarse en algún lugar para proceder a su devolución. Es decir, no merece la pena colocar en las estanterías una mercancía que se va a devolver en breve.
- **Sectorización o bloques de *stock.*** Este criterio consiste en colocar las mercaderías en tipos de productos o sectores. Si el almacén cuenta con tipos de productos variados, lo habitual es ordenarlos por familias, tipos de productos o sectores, alimentación, papelería, textil, electrodomésticos, etc.
  Además, los almacenes suelen estar estructurados en bloques separados por calles, a modo de tablero de ajedrez, nombrados por una combinación alfanumérica. De modo que, si hablamos del sector J5, estamos haciendo referencia a un eje de coordenadas imaginario en el que está representado en un eje la letra J, y en otro el número 5. De este modo, se van llenando los sectores por orden, evitando que los productos estén distribuidos de manera salpicada en el almacén.
- **Embalaje.** Otro criterio de separación es por tipo y tamaño de embalaje. Los palés, las cajas, las bolsas, etc. se deben organizar en estanterías, cajones, armarios, etc. De modo que los productos voluminosos, medianos o pequeños estén organizados también según su tamaño.

Algunos criterios pueden cambiar el orden dependiendo de la temporada de las ventas. Es decir, el criterio de la tasa de rotación de productos puede ser diferente en invierno que en verano y, en consecuencia, la organización de dichos productos en el almacén, también.

 ACTIVIDAD COMPLEMENTARIA

3. Lee el artículo titulado: "Cómo ahorrar y evitar el desperdicio de alimentos usando los métodos FIFO y FEFO" que podrás encontrar accediendo desde aquí:

https://redirectoronline.com/coml022po0201

A continuación, indica las ventajas que aportan estos métodos en la economía familiar.

4. Resumen

A lo largo de la unidad hemos visto las fases de recepción de mercancías y la de colocación o distribución de mercancías en el almacén.

Se ha definido el concepto de inspección como comprobación del cumplimiento de los requisitos solicitados de la mercancía. La inspección se puede realizar en dos momentos:

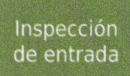

Los puntos que se deben verificar en la inspección son los siguientes:

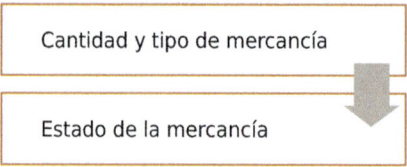

Cuando se ha realizado la inspección, los productos se deben etiquetar según el estado en el que se encuentren:

El departamento de almacén le dice al de compras lo que tiene que solicitar al proveedor. Compras envía el documento de pedido al proveedor, y una copia a almacén. El proveedor envía el pedido o mercancía al almacén y este debe comprobar que todo está correcto.

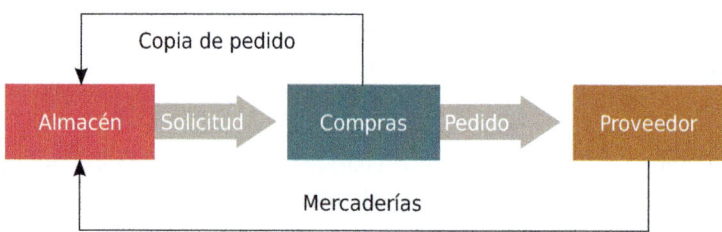

Actualmente, todo este proceso se acelera y se facilita gracias a los SGA (Sistemas de Gestión de Almacenes).

Después de inspeccionada la mercancía recibida, se debe separar para ubicarla en el almacén. Para ello, se debe tener en cuenta los siguientes criterios o reglas de separación de productos:

FEFO	FIFO	Tasa de rotación
Estado de la mercancía	Sectorización o bloques de *stock*	Embalaje

Ejercicios de autoevaluación
Unidad de Aprendizaje 2

1. **Ordena las siguientes fases en el sistema logístico:**

   - Recepción de mercancías
   - Preparación de pedidos vendidos al cliente
   - Solicitud de pedido al proveedor
   - Cierre del proceso logístico
   - Colocación o distribución de mercancías en el almacén
   - Distribución o transporte de pedidos al cliente

2. **Recibimos una mercancía con el embalaje roto y, en consecuencia, el contenido está golpeado y abollado. Debemos etiquetar la mercancía como:**

   a. Aceptada
   b. Condicionalmente aceptada
   c. Rechazada
   d. Pendiente de acuerdo con el proveedor

3. **Recibimos una mercancía que cumple con todos los requisitos del pedido inicial. Debemos etiquetar la mercancía como:**

   a. Aceptada
   b. Condicionalmente aceptada
   c. Rechazada
   d. Pendiente de acuerdo con el proveedor

4. **Indica si la siguiente oración es verdadera o falsa: "Siempre que el embalaje de una mercancía esté roto, esta debe ser etiquetada como rechazada".**

   ■ Verdadera
   ■ Falsa

5. Indica si la siguiente oración es verdadera o falsa: "El Departamento de Almacén puede acceder al Pedido al proveedor, gracias al SGA o Sistema de Gestión de Almacenes"

- ■ Verdadera
- ■ Falsa

6. Priorizar la salida del producto bajo la premisa de "lo primero que entra es lo primero que sale", atiende al criterio de separación:

- a. FEFO
- b. FIFO
- c. Tasa de rotación
- d. Estado de la mercancía

7. Priorizar la salida del producto bajo la premisa de "lo primero que caduca es lo primero que sale", atiende al criterio de separación:

- a. FEFO
- b. FIFO
- c. Tasa de rotación
- d. Estado de la mercancía

8. Separar la mercancía "aceptada" de la mercancía "rechazada", atiende al criterio de separación:

- a. FEFO
- b. FIFO
- c. Tasa de rotación
- d. Estado de la mercancía

9. Separar la mercancía por familias como alimentación, textil, electro-domésticos, papelería, etc., atiende al criterio de separación:

- a. Tasa de rotación
- b. Estado de la mercancía
- c. Sectorización o bloques de *stock*
- d. Embalaje

10. Separar la mercancía por palés, cajas, bidones, garrafas, etc., atiende al criterio de separación:

       a. Tasa de rotación
       b. Estado de la mercancía
       c. Sectorización o bloques de *stock*
       d. Embalaje

Procesos de reaprovisionamiento y gestión de *stocks*

Contenido

Objetivos

El objetivo general de esta Unidad de Aprendizaje es:

→ Analizar los procesos de reaprovisionamiento y gestión de *stock* en un almacén como actividad principal de la empresa logística.

Los objetivos específicos de esta Unidad de Aprendizaje son:

→ Averiguar la importancia de la función de reaprovisionamiento, así como los distintos niveles de *stock* que se pueden encontrar en una empresa logística y los factores influyentes en el reaprovisionamiento.

→ Reconocer la utilidad de un sistema de gestión para el control de *stocks*.

→ Distinguir los pasos para realizar un inventario bajo el cumplimiento de aspectos legales y los distintos tipos de inventario.

→ Diferenciar los elementos de manutención de un almacén.

→ Conocer la ayuda que ofrecen los informes estadísticos y el uso del código de barras en la automatización del almacén.

1. Introducción

La actividad principal de un almacén o empresa logística es la de tener productos para poder vender a los clientes. Obviamente, el primer paso es comprar o adquirir dicho producto. Esta actividad permanente de reposición de *stock* se denomina reaprovisionamiento.

Es imprescindible conocer qué cantidad de *stock* se necesita para no excederse ni para que falte producto. Esta constante alerta acerca del nivel o cantidad de *stock* que se debe tener en el almacén, va a ser la base de la presente unidad de aprendizaje.

Además de todo lo relacionado con el *stock* y los inventarios, también vamos a ver la variada maquinaria que se requiere para gestionar el *stock,* esto es, para levantarlo, desplazarlo y depositarlo nuevamente desde una ubicación a otra.

Por último, veremos cómo los datos que introducimos en el sistema de gestión, que podemos recuperar de forma ordenada en informes y estadísticas, nos van a ayudar, junto con los codigos de barras que aportan dicha información, a automatizar el almacén.

Para adquirir todos estos conocimientos, a lo largo de esta unidad de aprendizaje vamos a seguir con nuestra empresa Mayorasa, mayorista de productos de papelería y material y mobiliario de oficina, con su almacén en un polígono industrial ubicado fuera de una ciudad de unos 500.000 habitantes. La empresa compra material a diferentes proveedores y, posteriormente, lo vende a distintas tiendas minoristas como papelerías o hipermercados que cuentan con sección de papelería.

2. El reaprovisionamiento

👉 HILO CONDUCTOR

Daniel, el gerente de Mayorasa, es consciente de que siempre debe tener género en el almacén para poder suministrar a los clientes. Al existir tanta variedad de producto, en alguna ocasión se ha visto sin existencias de alguno de ellos. Decide indagar acerca de los niveles de *stock,* así como de los factores que influyen a la hora de solicitar los pedidos a los proveedores.

La actividad básica de un almacén es vender mercaderías que, previamente, ha tenido que comprar al proveedor. Esta función de comprar material para no quedarse sin existencias es lo que se conoce como aprovisionamiento o reaprovisionamiento. Es decir, abastecerse o reabastecerse de materiales conforme los va necesitando según los va vendiendo y van saliendo del almacén. El cual no debe quedarse sin *stock,* ya que corre el riesgo de que el cliente o la empresa-cliente recurran a otro proveedor al no poder suministrarle los artículos a la hora de realizar la compra. De ahí la necesidad de que siempre haya *stock* en el almacén.

2.1. Niveles de *stock*

Podemos hablar de distintos niveles de *stock* según tres criterios: su función, la durabilidad del producto y la organización operativa de la empresa.

Según la **función** distinguimos los siguientes tipos o niveles de *stock:*

⊃ **Stock o nivel activo, normal o de ciclo.** Es la cantidad de producto que se necesita para desarrollar la actividad normal y habitual del almacén. Esta cantidad de *stock* está adaptada a la demanda habitual, por lo que no deben producirse pedidos extraordinarios. Una vez que se ha vendido, entre pedido y pedido suelen quedar pocas unidades en el almacén.
Por ejemplo, un supermercado solicita cada mes 300 botes de cacao en polvo de 1 kg de una marca determinada. Generalmente, son las unidades que venden a lo largo de dicho período.

⊃ **Stock o nivel de seguridad.** Es la cantidad de artículos correspondiente a satisfacer una demanda extraordinaria, bien sea porque el artículo responde a un uso en una temporada concreta, o bien por satisfacer la demanda de un cliente. En todos los casos, este *stock* de seguridad responde a una acción previsible por parte del almacén.
Por ejemplo, un hipermercado vende ropa en su departamento de textil. Dentro de ese departamento tienen una sección de ropa deportiva. Venden bañadores todo el año, ya que la natación es un deporte que se puede practicar en piscina cubierta. Sin embargo, en verano la demanda de este artículo crece por el aumento generalizado del uso de piscinas, mares, ríos y otros entornos acuáticos vacacionales. Al triplicarse la demanda en verano, su proveedor sabe que debe tener en almacén un *stock* de seguridad de este producto ya que se prevé su alza.

⊃ **Stock o nivel de alerta.** Es la cantidad de *stock* que nos avisa de que se debe realizar un pedido para no quedarnos sin existencias y que se rompa el *stock.*
Por ejemplo, un supermercado solicita cada mes 300 botes de cacao en polvo de 1 kg de una marca determinada. Generalmente, son las

unidades que venden a lo largo de dicho período. El pedido no lo realiza en una fecha concreta del mes, sino cuando quedan 50 botes de este artículo en el almacén. De este modo, mientras llega el pedido nuevo, evitan quedarse sin dicho artículo y decirle al cliente que debe volver en otro momento a por el artículo o que el cliente se marche a otro establecimiento a adquirirlo.

- **Stock o nivel estacional.** Es el *stock* previsto para una temporada concreta. Se diferencia del *stock* de seguridad, en que este último es para previsión de altibajos en picos de temporadas a lo largo de todo el año, mientras que el primero se refiere a empresas cuya actividad comercial solo se da en una temporada concreta, estando cerrado el resto del año. Por ejemplo, son ejemplos de empresas cuya actividad se desarrolla en una época concreta del año: una estación de esquí española, un hotel en la costa mallorquina que solo abre de marzo a octubre, una escuela de *windsurf* en la costa española, etc. Son empresas que abren en temporada, estando su actividad comercial cerrada en el resto del año, solo dedicándose a actividad administrativa.

- **Stock o nivel inactivo o muerto.** Es la cantidad de *stock* que no se puede vender. Las causas de la imposibilidad de su venta pueden ser variadas, desde un simple olvido o mala gestión del almacén, desperfectos de los productos por no inspeccionarlos en la recepción de los mismos, o por accidentes en el almacén como inundaciones, incendios, etc.
  Por ejemplo, en el almacén de un hotel tienen la celulosa almacenada en el suelo. Son palés de papel higiénico, rollos de papel secante para manos, pañuelos de papel que ofrecen en las *amenities* de las habitaciones, etc. Como la semana pasada se inundó el almacén por exceso de lluvias, toda esa mercancía ha quedado inservible. Aunque el hotel no la vende como tal, sí son productos que van incluidos en el precio que los huéspedes pagan por hospedarse en el hotel. Por lo tanto, ese *stock* supone pérdidas para el hotel que debe reaprovisionarse de nuevo de dichos productos.

- **Stock o nivel en tránsito.** Es la cantidad de *stock* que está en proceso de fabricación, producción o comercialización. Es el *stock* que se encuentra en el almacén, pero se encuentra pendiente de alguna función o tarea como la inspección, el etiquetado, la colocación, el embalaje, la entrega, etc.
  Por ejemplo, en un almacén, esta mañana ha llegado un camión que ha descargado cuatro palés y los ha dejado en una zona cercana a la entrada. Cuando venga Javier, que hoy ha tenido una cita médica, inspeccionará la mercancía y la etiquetará. Es el encargado de realizar esas funciones.
  Por el momento, esa mercancía es *stock* en tránsito, ya que está pendiente de ser comprobada, etiquetada y dada de alta con registro de entrada en el sistema informático.

- **Stock o nivel especulativo.** Es la cantidad de *stock* que se adquiere como previsión a un aumento de demanda temporal. Es típico de productos que se lanzan al mercado. Al comienzo, existe un *boom* en el que todo el mundo desea adquirir dicho producto, pero, una vez adquirido, la demanda disminuye sustancialmente y se modera para el resto del ciclo del producto.

Por ejemplo, en la actualidad, existe un *boom* en cuanto a la adquisición de patinetes eléctricos. Así que es normal que las empresas que se dedican a su venta adquieran un *stock* especulativo en previsión de este auge de la demanda. Sin embargo, de aquí a poco tiempo, cuando la mayoría de la demanda haya adquirido uno, se prevé una bajada de la misma, ya que todo el mundo tendrá ese producto y lo que estará en alza serán los servicios referidos a su mantenimiento, no en tanto a su adquisición.

 APLICACIÓN PRÁCTICA

Antonio ha entrado a sustituir a Javier en el almacén. Es el encargado de realizar los pedidos a proveedores. Sabe que, en concreto, del producto A, debe realizar el pedido cuando queden 100 unidades. De entre los siguientes tipos de *stock*, ¿a cuál se está refiriendo?

- *Stock* activo
- *Stock* de seguridad
- *Stock* de alerta
- *Stock* estacional

Solución

El *stock* de alerta es la cantidad que queda en el almacén y la que nos avisa de que se debe realizar el pedido para no quedarnos sin *stock*.

El *stock* activo es la cantidad que se necesita para ejercer la actividad comercial habitual de la empresa.

El *stock* de seguridad es la cantidad que se necesita para cubrir una demanda extraordinaria.

El *stock* estacional es la cantidad que se prevé para una temporada concreta cuando se desarrolla la actividad de la empresa.

Según la **durabilidad de los productos,** encontramos los siguientes tipos de *stock:*

○ *Stock* **o nivel de productos perecederos:** es la cantidad de productos que se estropean con el breve paso del tiempo, debido a factores medioambientales como la iluminación, la temperatura o la humedad. Bien sea por exceso o por defecto.

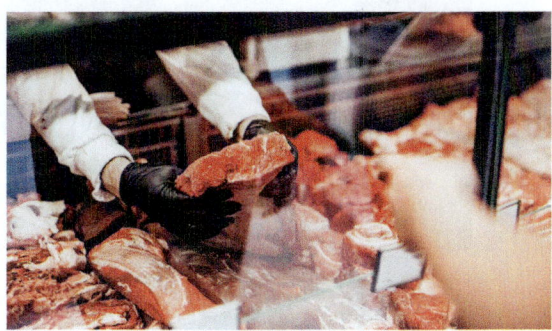

La carne, el pescado, las frutas y las verduras son ejemplos de productos perecederos. Necesitan unas condiciones para su buen mantenimiento como, por ejemplo, mantener la cadena de frío, prevenir que no se rompa o que, simplemente, con el paso del tiempo el producto se estropee y no se pueda vender.

○ *Stock* **o nivel de productos no perecederos:** es la cantidad de productos que no se estropean con el tiempo a corto plazo, aunque sí lo hagan a medio y largo plazo por el uso de los mismos. Es decir, su deterioro no se suele producir tanto por factores ambientales, sino por el uso o mal mantenimiento del mismo.

El textil es un producto que se estropea con el uso y por su mantenimiento. La cantidad de lavados y planchados de una prenda provoca su deterioro. Si, además, se añade el hecho de mezclar la prenda con otra que destiñe, lavarla con lejía u otro producto indebido provocando que destiña la propia prenda, o lavarla a una temperatura inadecuada haciendo que encoja o se agrande respecto a su talla inicial, la prenda perderá antes su vida útil.

⮕ ***Stock*** **o nivel de productos con fecha de caducidad:** es la cantidad de productos que traen una fecha de caducidad, es decir, una fecha a partir de la cual el producto puede no ser seguro y empezar a perder sus propiedades y bonanzas. Se da principalmente en alimentación.

Los productos lácteos, como la leche o los yogures, suelen traer una fecha de caducidad. Por ejemplo, 25/09/2024. Esto indica que el producto es seguro para consumir hasta esa fecha. Después de esa fecha no es seguro consumirlo o puede perder propiedades.

⮕ ***Stock*** **o nivel de productos con fecha de consumo preferente:** es la cantidad de productos que traen indicada una fecha de consumo preferente, es decir, una fecha a partir de la cual su consumo no es recomendado y el producto comienza a perder sus propiedades. Una vez alcanzada la fecha de consumo preferente, si el producto no presenta deterioro, se puede consumir, aunque no es lo recomendado. Esta fecha no viene expresada en un día exacto, sino en mes/año. Por ejemplo: "consumir preferentemente antes de 08/2025".

La fecha de consumo preferente también puede venir expresada a modo de instrucción. Algunos productos como los cosméticos o algunos medicamentos, expresan su fecha de consumo preferente dando la instrucción "consumir preferentemente antes de los 12 meses después de su apertura" o "una vez abierto el envase, consumir antes de X días".

Según **la organización operativa de la empresa,** existen los siguientes tipos de *stock:*

- *Stock* o **nivel óptimo.** Es la cantidad de *stock* necesaria para la actividad normal de la empresa. Una vez terminada esa actividad, proyecto o campaña, no quedan unidades en el almacén, ya que el *stock* fue el óptimo o el ideal para dicha actividad.
  Por ejemplo, una empresa adquiere una cantidad de producto para la campaña de *Halloween.* Una vez finalizada dicha campaña, no quedan unidades en el almacén porque todo se ha vendido conforme a lo previsto.
- *Stock* o **nivel cero.** *Stock* cero significa que no hay ninguna unidad de un producto en concreto. Se puede deber a una mala gestión o previsión del almacén por la que nos hemos quedado sin producto. Sin embargo, el *stock* cero es una técnica muy utilizada en empresas que trabajan bajo demanda y solo adquieren el producto cuando la venta está realizada y el cliente así lo pide. Es típico de productos exclusivos, originales, artesanales, etc. Por tanto, no se fabrican o no se comercializan hasta que el cliente lo demanda.
  También trabajan con *stock* cero las empresas que trabajan bajo la fórmula de *dropshipping* o triangulación de envíos. La mayoría suelen realizar venta *online.* En este caso, la empresa no tiene almacén y lo que hace es conectar al proveedor con el consumidor o cliente, de modo que el proveedor envía directamente el producto al cliente, quedándose la empresa intermediaria con su margen de beneficio correspondiente. El producto no pasa por la empresa intermediaria o distribuidora.
  Por ejemplo, un supermercado ha hecho una mala previsión y no puede ofrecer cacao en polvo de la marca Nesquik. Sin embargo, puede ofrecer de la marca Colacao y de su marca blanca. De esta manera, el cliente solo puede optar por las marcas disponibles, esperar a que reciban el pedido de la marca deseada o marcharse a otro establecimiento para satisfacer su necesidad.
- *Stock* o **nivel físico.** El *stock* físico es la cantidad de *stock* real que debe haber en el almacén de un producto en concreto. Debe coincidir con la cantidad que nos indica nuestro programa informático o *software* de gestión. Por este motivo, es importante hacer inventarios aleatorios y frecuentes, para comprobar que las anotaciones de entrada y salida que se registran en el sistema coinciden con las unidades reales que se encuentran en el almacén.
  Por ejemplo, en un almacén había 10 lavadoras de la marca Bosch, referencia: 123456, modelo JKP789. El lunes llegó un pedido de 7 lavadoras. A lo largo de la semana se han vendido 9. El viernes se realiza un inventario aleatorio de ese producto, por tanto, en el almacén debe haber 8 lavadoras de esa marca, modelo y referencia, ya que 10 (que había) + 7 (que llegaron) - 9 (vendidas) = 8 deben quedar en almacén.

⮞ **Stock o nivel neto.** El *stock* o nivel neto es el que se obtiene al restar del *stock* físico las cantidades vendidas a clientes que aún se están tramitando o preparando. Las unidades están en nuestro almacén, pero no están disponibles para la venta.

Por ejemplo, en el almacén había 10 lavadoras de la marca Bosch, referencia: 123456, modelo JKP789. El lunes llegó un pedido de 7 lavadoras. A lo largo de la semana se han vendido 9 que ya han sido servidas. El viernes se realiza un inventario aleatorio de ese producto. Se da la circunstancia de que 3 clientes acaban de pagar hace media hora el resto del importe que había pendiente, por lo que hay que preparar 3 lavadoras para servir por la tarde.

El *stock* físico se obtiene de 10 (que había) + 7 (que llegaron) - 9 (vendidas y entregadas) = 8 lavadoras hay en almacén de las cuales 3 están vendidas pero no entregadas.

El *stock* neto se obtiene de 10 (que había) + 7 (que llegaron) - 9 (vendidas y entregadas) - 3 (vendidas sin entregar) = 5 lavadoras quedan en el almacén para ser vendidas.

⮞ **Stock o nivel disponible.** El *stock* o nivel disponible se obtiene al sumar al *stock* neto la cantidad de *stock* pendiente de recibir.

Por ejemplo, tenemos 5 lavadoras como *stock* neto, se añade la circunstancia de que el jueves realizamos un pedido de 5 lavadoras que recibiremos, probablemente, el lunes.

El *stock* disponible se obtiene de 5 (*stock* neto) + 5 (*stock* pendiente de recibir) = 10 lavadoras disponibles para su venta.

⮞ **Stock o nivel mínimo.** Es la cantidad básica que se debe tener siempre en el almacén para no tener que decir NO al cliente, es decir, para no quedarnos sin existencias.

Por ejemplo, el almacén del ejemplo anterior establece en ese producto un *stock* mínimo de 5 lavadoras.

⮞ **Stock o nivel máximo.** Es la cantidad máxima que se debe tener de un producto para que no se convierta en *stock* muerto. Esto es muy importante en los productos perecederos o con fecha de caducidad o consumo preferente, pues una vez que se estropea el género o alcanza su fecha de caducidad o consumo preferente no se puede vender. En productos no perecederos, pueden convertirse en *stock* muerto porque pasen de moda o porque se lancen al mercado productos más modernos.

Por ejemplo, el almacén del ejemplo anterior establece en ese producto un *stock* máximo de 25 lavadoras.

2.2. Factores de reaprovisionamiento

Los factores de reaprovisionamiento son aquellos que influyen en el cómo y cuándo se debe realizar el próximo pedido para abastecernos nuevamente del producto. Estos factores van a depender del tipo de actividad y circunstancias que tenga la empresa. Los **factores de reaprovisionamiento** más habituales son:

➲ **Demanda.** La solicitud de productos dependerá de la demanda que tengamos en el mercado. Realmente, los productos que compramos para vender son aquellos que nos piden los clientes para satisfacer sus necesidades. De ahí la importancia de conocer las tendencias actuales para estar al día de qué es lo que quiere el consumidor.

El consumidor o cliente es quien decide qué producto quiere comprar, generalmente, aquel que satisfaga sus necesidades. Por tanto, es vital conocer, en nuestra empresa, qué productos son los más consumidos y demandados y cuáles menos. En base a ese consumo, el pedido a proveedor se verá influenciado por este factor.

➲ **Plazo de entrega.** Es el plazo que transcurre entre el momento de solicitud del pedido al proveedor y el momento en que se recibe la mercancía. Si estos períodos son muy largos, habrá que realizar el pedido con mucha antelación para evitar quedarnos sin *stock*. Para ello, se necesita que el *stock* mínimo y/o el de alerta sean elevados. Por el contrario, si este período de tiempo es breve, podemos apurar hasta casi el último momento para realizar el pedido al proveedor, siempre que no entremos en riesgo de quedarnos sin *stock*.

El plazo que transcurre entre que se realiza el pedido al proveedor y la recepción de la mercancía va a ser un factor condicionante a la hora de establecer cuándo se debe realizar el pedido. Se ha de tener en cuenta que, mientras tanto, la empresa continúa su actividad de venta y no debe quedarse sin stock en ese plazo.

⊃ **Nivel de inventario.** El nivel de inventario es la cantidad de *stock* que se tiene en un momento determinado. Debemos tener unidades suficientes para hacer frente a la venta de la demanda normal y habitual de la empresa, pero sin excedernos en *stock,* pues este podría convertirse en *stock* muerto que, posteriormente, no podamos vender. Es importante hacer inventarios o mirar cuántas unidades de un producto tenemos para solicitar más o no.

Una persona de la empresa realizando inventario. Es importante saber cuántas unidades existen en el almacén antes de solicitar el pedido al proveedor. Debemos tener y solicitar suficientes para realizar la actividad normal de la empresa y no excedernos en el pedido. Debe existir un equilibrio, de modo que no nos excedamos, ni tampoco falte producto de manera frecuente, con la consecuencia de realizar pedidos de manera constante y permanente.

⊃ **Coste de reaprovisionamiento.** Uno de los costes más habituales de reaprovisionamiento son los gastos de envío o los costes de almacenamiento. Por este motivo, es un factor clave a la hora de solicitar pedido al proveedor. Van a determinar con qué frecuencia se pide al proveedor y qué cantidad de mercancía se solicita.

Los gastos de envío son un tipo de costes de reaprovisionamiento. La empresa de transporte que se dedica a trasladar las mercancías debe cubrir unos costes como el combustible, el mantenimiento y revisiones del vehículo, el seguro del vehículo, el sueldo del trabajador transportista, impuestos, etc., además de ganar un beneficio. Estos gastos son, en conjunto, un factor influyente a la hora de reaprovisionar el almacén.

➲ **Coste de agotamiento de *stock*.** El coste de agotamiento de *stock* hace referencia a las pérdidas que se producen en la empresa por no disponer de mercancía y tener que decirle al cliente que no tiene producto. Costes por recuperar una mala imagen, pérdida de clientes porque se van a otro establecimiento a adquirir el producto, etc. Esto va a provocar que tengamos que controlar cuándo realizar el pedido y en qué cantidad para no quedarnos sin producto. Si estos costes son muy elevados, no podemos permitir bajo ninguna circunstancia el hecho de quedarnos sin *stock*.

Los costes que pueden suponer el mantenimiento de un almacén con sus estanterías vacías, además de mala imagen y pérdida de clientes y, en consecuencia, pérdidas económicas, son un factor decisivo a la hora de reaprovisionar el almacén.

➲ **Políticas y restricciones de inventario.** Algunas empresas tienen políticas y restricciones concretas referidas al mínimo y/o al máximo en el inventario, restricciones financieras, límites de almacenamiento, estrategias comerciales, etc. Este aspecto también influirá a la hora de solicitar reaprovisionamiento.

Es habitual en los almacenes que trabajan con productos perecederos que existan restricciones de inventario máximo. Un exceso de producto que se puede estropear fácilmente puede acarrear pérdidas económicas.

◯ **Previsión de la demanda.** Otro factor que influye a la hora de reaprovisionar el almacén es prever la demanda. Si estamos actualizados con las noticias y tendencias del mercado será más fácil prever cuándo realizar el aprovisionamiento.

Estar actualizado respecto a las tendencias de la demanda en el mercado favorece que estemos más acertados a la hora de realizar el reaprovisionamiento en las cantidades que se solicitan.

3. Sistemas de gestión y control de *stocks*

☞ HILO CONDUCTOR

Hasta hace poco, en Mayorasa, han estado trabajando con equipos informáticos utilizando el *software* de *Microsoft Office,* en concreto el procesador de texto *Word,* la base de datos *Access* y la hoja de cálculo *Excel.* Originando mucha cantidad de documentos que tenían que archivar en diferentes carpetas, resultando la organización y búsqueda de los mismos un poco caótico. Daniel, el gerente, ha escuchado que existen en el mercado programas informáticos específicos para la gestión del almacén. Decide averiguar qué prestaciones ofrecen para decantarse por alguno.

Los SGA o Sistemas de Gestión de Almacenes son sistemas o *softwares* informáticos que ayudan a gestionar el almacén. Permiten controlar la entrada y salida de *stock* y, por tanto, conocer qué cantidad es la que debe existir en el almacén.

Existe una gran variedad de SGA en el mercado. Adquirir uno u otro dependerá de la actividad de la empresa, sus necesidades y de la cantidad económica que se pueda invertir en la compra del programa. Los hay más sofisticados y perfeccionistas, que ofrecen mayor cantidad de prestaciones, y los hay más básicos que ofrecen servicios primordiales y esenciales. Sin embargo, no solo es el coste económico lo que la empresa debe plantearse a la hora de adquirir un SGA, si no la necesidad que este debe cubrir.

 PARA SABER MÁS

Puedes visitar la website de *Softwaredelsol,* donde venden *softwares* de facturación, contabilidad, nóminas, etc., a empresas, accediendo desde aquí:

https://redirectoronline.com/coml022po0301

La gran mayoría de estos *softwares* ofrecen las **opciones:**

- ➲ **Archivo.** Donde se encuentran los botones de apertura y cierre del programa, así como de varias empresas y opciones de configuración.
- ➲ **Ventas.** Donde se encuentra todo lo referente a la documentación de ventas como pedidos de clientes, albaranes, facturas, todo lo referido a clientes, CRM *(Customer Relationship Management)* o Gestión de la Relación con Clientes, etc.
- ➲ **Compras.** Donde se encuentra todo lo referente a la documentación de compras como pedidos a proveedores, albaranes, facturas, devoluciones y todo lo referente a proveedores.
- ➲ **Almacén.** En esta pestaña se suele encontrar todo lo relativo a los artículos o productos, las existencias y los inventarios.
- ➲ **Administración.** Permite realizar tareas relacionadas con la facturación, pagos y cobros.
- ➲ **Informes.** Permite elaborar informes, listados y estadísticas sobre compras, ventas, almacén y administración.

◯ **Utilidades.** Permiten realizar tareas de exportación e importación a/ desde otros programas informáticos, configuración de notas, agendas, calculadora, etc.

◯ **Asistencia técnica o Ayuda.** Permite acceder a enlaces o manuales de ayuda para saber ejecutar el programa en sí.

3.1. Ejemplo: Factusol

A continuación, se explican algunas funciones que se pueden llevar a cabo con el programa Factusol.

En la cinta de opciones de Factusol diferenciamos dos apartados: uno referido a los documentos de compras como pedidos a proveedores, entradas de producto, facturas de los proveedores y devoluciones y el apartado de proveedores referido a los mismos y sus anticipos, fabricantes y representantes. Estos últimos son figuras similares a los proveedores, ya que suministran bienes o servicios.

En las tareas de reaprovisionamiento, las funciones del SGA más utilizadas son todas las referidas a compras y almacén.

*El programa Factusol, en la pestaña de **Almacén** ofrece opciones para dar de alta y gestionar los artículos, controlar las existencias o el stock registrando entradas y salidas internas, valorar el inventario o tareas de fábrica.*

Dentro de las opciones de **Almacén,** en el apartado **Artículos**, se puede obtener información de los distintos productos de que disponemos. Aquí se puede dar de alta o baja el producto, modificar sus datos, etc.

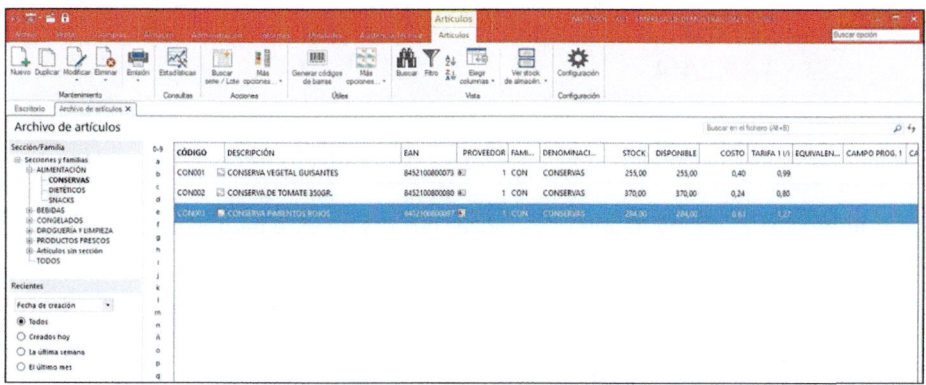

En el lateral izquierdo podemos ver un desplegable de familias de productos, así como seleccionar su visualización atendiendo a diferentes criterios.

Además, podemos ver información pormenorizada de cada producto: familia a la que pertenece, descripción del mismo, quién es su proveedor, precio de coste, márgenes de beneficio, precio de venta, *stock* actual, *stock* disponible, *stock* mínimo y máximo, etc.

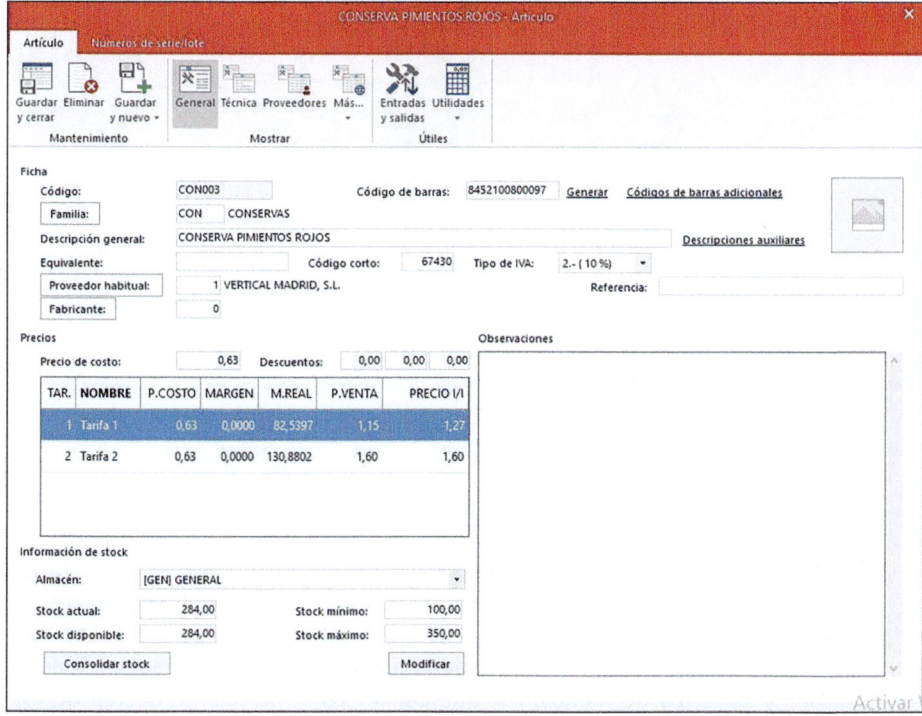

Observamos una ficha completa de un producto concreto con toda la información detallada acerca del mismo en el programa Factusol.

TAREA 4

En la siguiente imagen aparece la ficha del producto refresco Cola Light. Con los datos que ves en pantalla, ¿cuándo habría que realizar el pedido de este producto? ¿Cuándo deberíamos lanzar ofertas de este producto?

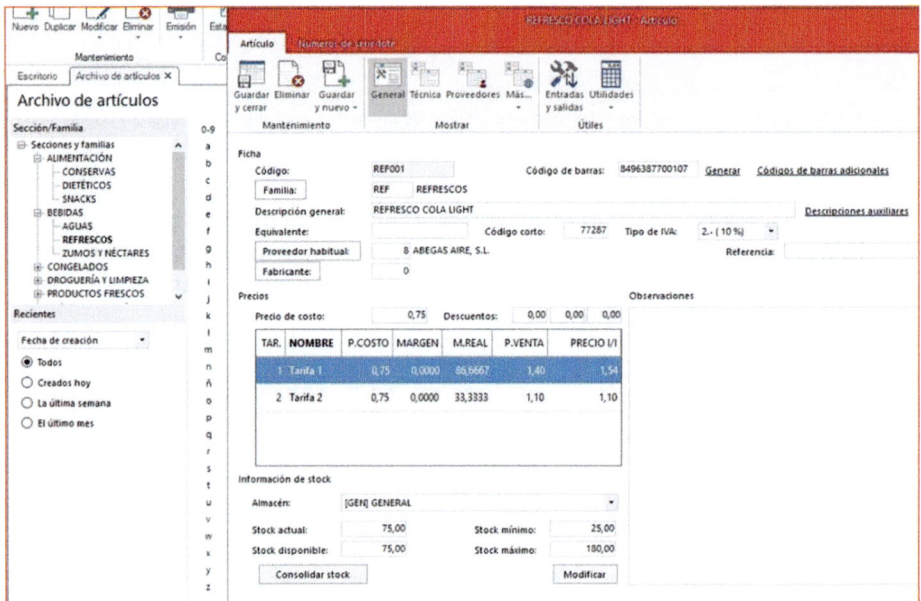

4. Los inventarios

👉 HILO CONDUCTOR

En Mayorasa, al tratarse de un proveedor de productos de papelería y material y mobiliario de oficina, tiene una gran variedad de productos. En ocasiones ha sucedido que, al contar las unidades físicas en el almacén, no coincidían con los resultados que lanzaba el ordenador. En algunos productos había unidades de más y en otros de menos. Así que Daniel va a informarse acerca de los inventarios para que no se produzcan tantos errores a la hora de realizarlos.

El inventario es una lista de todos los productos, bienes o recursos que una empresa tiene en un momento concreto. Se puede hacer inventario de mercaderías o productos, de mobiliario, de folletos o catálogos, etc. Es un listado de las posesiones de la empresa, independiente de que sean para la venta o, simplemente, para utilizar, producir o fabricar durante el proceso.

El inventario tiene varias **funciones:**

⮑ **Asegurar que hay suficiente** *stock:* el inventario sirve para conocer la cantidad de *stock* que hay disponible en la empresa. Según sea, nos veremos en la obligación de solicitar reaprovisionamiento o no. Evita que nos quedemos escasos de producto o, por el contrario, con productos obsoletos si hemos demandado mucho *stock* y no lo hemos podido vender en el tiempo y plazos establecidos.
⮑ **Calcular el coste de los bienes vendidos:** nos permite conocer cuál es el coste de adquisición, el de almacén y los costes del producto. De este modo, podemos tomar decisiones para minimizar dichos costes.
⮑ **Determinar el valor del activo de la empresa:** los bienes, recursos y mercancías que posee una empresa son parte del activo de la misma. Este conocimiento nos ayudará a maximizar la eficiencia operativa y la rentabilidad de la empresa. Cuando esta sabe cuál es su balance de situación puede tomar decisiones estratégicas en cualquier área de la empresa.

4.1. Cómo organizar el inventario

Realizar un inventario conlleva una planificación previa en la que se organicen los pasos a llevar a cabo. Estos **pasos** son los siguientes:

⮑ **Preparación.** Se deben preparar todas las herramientas, utensilios, programas, documentación y, en general, todo aquello que vayamos a necesitar para realizar el inventario.
⮑ **Etiquetado.** Se debe comprobar que todos los productos están etiquetados, ya que este paso es el previo al registro de alta del producto en el ordenador. Esto implicará que todos los productos están registrados y dados de alta. Si algún producto no estuviese etiquetado, puede significar que se ha colocado en el almacén sin haber sido registrado.
⮑ **Conteo físico.** Se deben contar los productos de uno en uno. En realidad, se cuentan por palés, cajas o bloques completos, si están sin abrir. Este conteo es fácil gracias a utensilios como los lectores de códigos de barra, drones, etc.
⮑ **Verificación.** En este paso debemos verificar o comprobar que el *stock* físico coincide con los resultados que arroja el programa informático. De no ser así, significa que falta o sobra *stock* físico, o que no se han hecho

correctamente los registros de entrada y salida de los productos en el sistema informático.

⮞ **Actualización.** Si el *stock* físico no coincide con el que nos indica el ordenador, habrá que actualizar las unidades con las cifras reales. Esto implica dar de alta o baja productos sobrantes o faltantes. De esta manera, se queda regularizado y actualizado el sistema con las cantidades reales existentes en el almacén. A partir de ahí, no deberían producirse errores en los apuntes informáticos.

⮞ **Análisis.** Realizado el inventario se debe analizar las incidencias y errores acontecidos. Si ha existido muchos o pocos, si han sido del mismo tipo, si se han producido sobre un tipo o varios de mercancía, etc. Una vez detectados y analizados estos errores e incidencias, se deben tomar decisiones para prevenirlos en el futuro.

⮞ **Mantenimiento.** Se recomienda hacer un inventario al inicio del ejercicio contable, otro al final y varios intermedios. Los inventarios pueden ser aleatorios en cuanto a los momentos en que realizarlos y en cuanto a los productos sobre los que se realiza. Esto va a depender del tipo de empresa, de la cantidad y variedad de los productos que suelan manejar. Es aconsejable realizar inventarios frecuentes sobre distintos productos, para asegurarnos de que están bien registradas las altas y bajas. En definitiva, controlar el *stock*.

4.2. Aspectos legales

En España, existen unos **aspectos legales** a los que están sujetos los inventarios y que las empresas deben cumplir y son los siguientes:

⮞ **Obligación contable.** Las empresas españolas están obligadas a llevar una contabilidad general o contabilidad financiera. Dentro de esta, están obligadas a registrar y documentar todos los movimientos referidos al inventario, como son las compras y las ventas, las devoluciones y cualquier otro ajuste al respecto.

⮞ **Normas contables.** Esta contabilidad general y, por tanto, la referida al inventario deben seguir unas normas y principios contables que vienen estipulados en el Plan General de Contabilidad, que, a su vez, sigue normas internacionales de información financiera. Estas normas son unas directrices o guías que establecen cómo valorar y presentar los documentos de estados financieros e inventarios.

⮞ **Valoración del inventario.** El inventario se debe valorar correctamente para proporcionar información real acerca del activo de la empresa. En España, existen distintos métodos aceptados, como pueden ser el coste histórico, el coste de reposición, el valor neto, etc. Dependerá del tipo de inventario y de la finalidad del mismo.

⮑ **Impuestos.** Al valorar el *stock,* se debe tener en cuenta el IVA (Impuesto sobre el Valor Añadido). Además, existen ciertos productos como el tabaco, el alcohol o los carburantes que están cargados con otros impuestos especiales y que se deben tener en cuenta a la hora de calcular su valoración.

⮑ **Auditoría.** Las empresas están sujetas a auditorías externas realizadas por organismos reguladores. En este proceso de auditoría, se comprueba que aplican las normas contables y que cumplen con las normativas legales vigentes a la hora de aplicar la contabilidad, declarar impuestos, etc.

 IMPORTANTE

Los aspectos legales cambian con mucha frecuencia porque dependen de decisiones políticas basadas en el contexto social y económico del momento. Por ello, es recomendable consultar a asesores contables y financieros para asegurar que la empresa cumple con toda la normativa vigente en cada momento.

 APLICACIÓN PRÁCTICA

Ricardo acaba de entrar a trabajar a un almacén. En el sistema informático, ve que el producto A tiene un coste de adquisición de 20 €, un margen de beneficio de 10 € y un precio al cliente de 30 €. Sin embargo, su compañero Aurelio le ha dicho que, del margen de beneficio aparente de 10 € hay que descontar el IVA que hay que pagar a la Agencia Tributaria. Entre los siguientes aspectos legales, ¿a cuál está haciendo referencia el compañero Aurelio?

* **Obligación contable**
* **Normas contables**
* **Valoración del inventario**
* **Impuestos**

Continúa en página siguiente >>

<< Viene de página anterior

Solución

El IVA es el Impuesto sobre el Valor Añadido y es de obligado cumplimiento su declaración trimestral por parte de las empresas ante la Hacienda Pública o Agencia Tributaria.

La obligación contable hace referencia a la obligación de llevar una contabilidad general o financiera de la empresa.

Las normas contables son unas normas y principios que se deben seguir para llevar dicha contabilidad. Dichos pasos vienen estipulados en el Plan General de Contabilidad.

La valoración del inventario hace referencia a diferentes métodos para valorar correctamente las existencias.

4.3. Inventario permanente

El inventario permanente, inventario perpetuo o inventario continuo es aquel que se realiza de manera constante y en todo momento. Se diferencia del inventario periódico en que este segundo se realiza de manera periódica cada cierto tiempo (semanal, quincenal, mensual, trimestral, semestral o anual). Sin embargo, el inventario constante es aquel que registra las entradas y salidas de producto cada vez que se producen, esto significa, cada vez que existe una compra o una venta. Es decir, cada vez que se reciben las mercancías en el almacén, se dan de alta en el sistema, y cada vez que se venden, se dan de baja.

Cuando se comprueba con el *stock* o inventario físico, si hubiese alguna incidencia o diferencia se deben anotar los ajustes o regularización. De ahí, la importancia de realizar conteos físicos frecuentes, sino de todos los productos, de una parcialidad de los mismos.

Con el inventario permanente, la información está actualizada y precisa en todo momento. Para ello, se necesita de infraestructura necesaria como son equipos, maquinaria, utensilios y herramientas que nos permitan gestionar dicho inventario.

Las **características del inventario permanente** son:

Registro continuo
El inventario permanente registra cada movimiento de entrada y salida, o cada ajuste que se realiza, es decir, cada movimiento que se produce en el inventario. Por tanto, obtenemos información precisa, detallada y en tiempo real.

Información precisa
De la información que proporciona el inventario permanente podemos obtener datos como los *stocks* real, neto, disponible, mínimo, máximo, etc. Lo que nos aporta mucha ayuda a la hora de tomar decisiones de planificación de compra, de venta u otras estrategias comerciales.

Identificación de pérdidas y robos
Al realizar un conteo frecuente de las existencias, si existiese alguna diferencia entre lo real y lo que arroja el SGA, que indicase una pérdida, dicho conteo ayuda a prevenir y controlar posibles robos y mermas del *stock*.

Mayor eficiencia operativa
Al contar con una información en tiempo real y detallado, podemos optimizar los procesos y las estrategias de reaprovisionamiento, producción y ventas, evitando quedarnos sin *stock*, con *stock* muerto o con un exceso de *stock* que nos veamos obligados a malvender.

4.4. Inventario físico

El inventario físico se refiere al conteo real de las unidades de productos, mobiliario u otros recursos que desee inventariar la empresa. En nuestro caso, se refiere al conteo de las unidades reales de producto que se encuentran en un almacén.

El inventario físico debe coincidir o conciliarse con el que arroja el SGA, dando por hecho que, en la actualidad, todas las empresas y almacenes cuentan con un programa informático de gestión. De no ser así, el inventario físico cumpliría las mismas funciones y objetivos que el informatizado, es decir, serviría para conocer qué cantidad de *stock* se tiene en almacén, controlar, gestionar y valorar el mismo.

En el conteo físico se pueden detectar, además, incidencias físicas como la falta de producto, mal estado del mismo, producto no etiquetado, etc., tomando las decisiones adecuadas al respecto.

El inventario físico se debe realizar al inicio y final del año o ciclo contable. Además, se puede realizar de forma periódica y frecuente como una rutina de la empresa. Y también se puede realizar de manera especial cuando se produce una circunstancia extraordinaria como un robo, incendio, inundación o circunstancias empresariales especiales como una auditoría, una fusión o una adquisición entre empresas.

4.5. Inventario único

El inventario único es la gestión de inventario de manera centralizada independientemente de la ubicación física o de la plataforma de venta.

 **EJEMPLO**

Una tienda vende productos directamente en la tienda física tradicional y a través de su página web. Lleva dos tipos de inventario: uno para los productos que se venden en la tienda física y otro para los que se venden en la tienda *online*, dando entrada y salida de los productos en cada inventario según su línea de venta. Lucía se acaba de incorporar como responsable de la tienda y el primer cambio que ha determinado es unificar todos los productos en un inventario único. De manera que estén todos en *stock*, independientemente de que se vendan en la tienda o se le envíen mediante transportista al cliente internauta.

El inventario único permite tener una visión integral del *stock* del almacén, en lugar de tener inventarios de empresa o canal físico y empresa o canal *online*.

El SGA permite, en estos casos, integrar sistemas y tecnología que da la posibilidad de compartir la información de los productos y su disponibilidad en tiempo real. Es decir, la gestión de inventarios, el escaneo de los códigos de barras, los distintos puntos de venta, las plataformas de venta *online*, etc., se encuentran integradas dentro de un mismo SGA.

Las **características del inventario único** son:

- **Mayor eficiencia operativa:** al estar toda la información y todo el *stock* centrado en un solo inventario, la eficiencia de la operatividad de la empresa aumenta porque se ve todo desde una mayor integridad, como un conjunto.
- **Mejor gestión en la cadena de suministro:** la opción de un inventario único facilita la gestión del *stock* dentro de la cadena de suministro. Ten en cuenta que los productos pasarían por un "único" almacén, dando una entrada y una salida al producto.
- **Reducción de errores:** los errores se minimizan por el mismo motivo anterior. Al tratarse de un inventario único, los errores se reducen en cantidad.
- **Mejor planificación del reabastecimiento:** el inventario único favorece la planificación para el reabastecimiento o reaprovisionamiento del almacén. Al percibir una visión más global e integrada, es más fácil la planificación y la ejecución de estrategias.
- **Mejor experiencia de compra para el cliente:** para el cliente puede suponer una mejora en la experiencia de compra, pues si un producto no se encuentra en el almacén de la tienda física, pero sí en el de la tienda *online,* para el cliente implica una mejora en su experiencia de compra el hecho de que el producto esté en un inventario único.

NOTA

Podemos afirmar que el inventario único es una estrategia para optimizar la gestión del inventario, controlar y visibilizar todo el *stock* de todas las tiendas físicas y distintas plataformas o canales de venta.

4.6. Inventario rotativo

El inventario rotativo, en movimiento o en rotación, es una gestión del inventario que consiste en contar y actualizar una parte del inventario en intervalos periódicos, mientras el resto del *stock* está en movimiento. En lugar de parar la producción o comercialización para tener que realizar el inventario de todos los productos, se realiza un inventario parcial, es decir, de unos cuantos productos, mientras el resto sigue con la actividad de producción o comercialización.

IMPORTANTE

Su objetivo principal es tener un mayor control y que este sea constante de los niveles de *stock,* minimizar los desajustes y los errores en los procesos, y mejorar la exactitud de los registros o apuntes contables en cuanto a entradas y salidas de artículos.

Al realizarse este inventario de manera frecuente y periódica, permite detectar errores y mermas y tomar decisiones sobre las medidas correctoras oportunas. Este tipo de inventario es típico de empresas minoristas y de cadenas de suministro de distribución, ya que cuentan con alta rotación de productos, al comprarse y venderse de manera rápida.

TAREA 5

En una lavandería, utilizan a diario litros de detergente. En el siguiente listado puedes ver las entradas, las salidas y el *stock* disponible de detergente expresadas en litros, en los movimientos que se realizan en el almacén de la lavandería.

Fecha	Entrada	Salida	Disponible
Día 1	10 litros	6 litros	
Día 2	8 litros		12 litros
Día 3		11 litros	10 litros
Día 4	15 litros	5 litros	
Día 5	10 litros		9 litros
Día 6	10 litros		9 litros
Día 7	5 litros	6 litros	8 litros
Día 8	15 litros	17 litros	
Día 9		3 litros	10 litros
Día 10	5 litros	6 litros	

Continúa en página siguiente >>

<< Viene de página anterior

Conociendo los datos de entradas, salidas y *stock* disponible, calcula los datos que faltan. En el conteo físico, el día 10 comprobamos que hay 7 litros en el almacén. ¿Qué significa este hecho?

5. Los elementos de manutención

☞ **HILO CONDUCTOR**

En su momento, Daniel, como gerente de Mayorasa, adquirió unas carretillas transportadoras manuales para trasladar paquetes de un sitio a otro. Sin embargo, debido al aumento de solicitud de demanda vía *offline* y *online,* los paquetes que reciben son cada vez mayores, más pesados y voluminosos, por lo que va a tener que hacerse con carretillas motorizadas que soporten más peso y volumen, ya que, en muchas ocasiones, el transporte manual resulta imposible. Daniel va a informarse sobre los tipos de elementos de manutención existentes para gestionar la mercancía en el almacén.

Los elementos de manutención son los equipos para la manipulación y el almacenamiento del *stock.* Son el conjunto de herramientas, máquinas y utensilios que permiten coger la mercancía, desplazarla y depositarla en una ubicación.

5.1. Elementos de manutención fijos y móviles

Los **elementos de manutención** se dividen en fijos o estáticos y móviles o dinámicos.

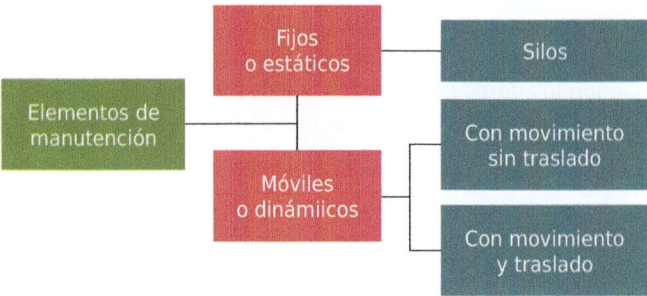

Los elementos de **manutención fijos, estáticos o silos** se pueden clasificar:

➲ Según las **unidades de almacenamiento:**

Silo simple de una unidad

Silos múltiples con conjunto de varias unidades

● Según la **forma:**

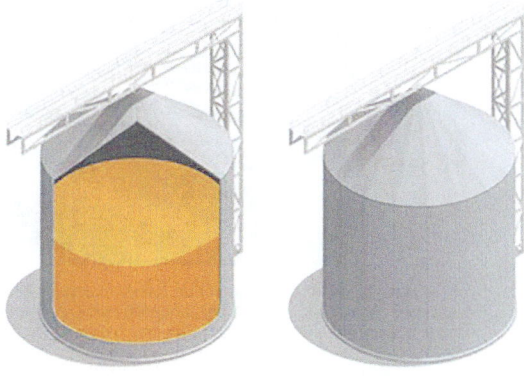

Silos con forma cilíndrica

Silos con forma poligonal

Los elementos de **manutención móviles o dinámicos con movimiento sin traslado** son aquellos que transportan o mueven productos, pero el elemento o máquina en sí no se traslada:

● **Cintas transportadoras.** Transportan las mercancías sobre una cinta en movimiento.

La cinta transportadora puede ser de banda, como las que vemos habitualmente en las cajas de los supermercados, de rodillos o mixtas, con una parte de la cinta de cada tipo.

● **Grúas aéreas.** Transportan las mercancías por un sistema de suspensión de la mercancía en el aire.

La grúa aérea transporta los productos suspendidos en el aire. Son muy típicas las que se ven en las obras de construcción de edificios.

Los elementos de manutención **móviles o dinámicos con movimiento y con traslado** son aquellos que transportan o mueven productos, pero el elemento o máquina en sí también se traslada. Pueden ser:

● **Manuales.** Son aquellos que para su movimiento y elevación de la mercancía necesitan del esfuerzo de una persona.

   ◑ **Transpaletas:** sirven para trasladar mercancía de una ubicación a otra.
   ◑ **Apiladores:** permiten trasladar y apilar cargas unas encimas de otras. En el caso del apilador manual, la fuerza la ejerce la persona.

⊃ **Mecánicos.** Son aquellos que para su movimiento y elevación de la mercancía necesitan de una energía o fuerza, no ejercida por el ser humano, sino por la máquina, bien sea eléctrica o de combustión.

 ○ **Transpaletas:** algunas contienen un cuadro de mando donde se ubican botones y palancas para el uso y funcionamiento de la máquina.
 ○ **Apiladores:** delante de la palanca que sirve para elevar la carga se encuentra un cuadro de mando que sirve para conducir dicha máquina.
 ○ **Vehículos guiados:** el operario va sentado como si se tratase de un vehículo de transporte. Tiene un volante o similar y un cuadro de mandos con botones y palancas que permiten la conducción del vehículo guiado.
 ○ **Carretillas:** se estudian en el siguiente subepígrafe.
 ○ **Transelevadores:** se estudian en su correspondiente subepígrafe.

5.2. Carretillas

Las carretillas elevadoras tienen un diseño que consiste en que giran sobre radios muy pequeños, de manera que las maniobras de almacenaje, carga, descarga, giros, etc., se pueden realizar en espacios muy pequeños.

Según sus funciones, encontramos los siguientes tipos de carretillas:

⊃ **Carretilla contrapesada.** Este tipo de carretilla lleva un contrapeso en la parte trasera, de modo que la equilibra cuando la carga se eleva por encima de la máquina.
⊃ **Carretilla retráctil.** Este tipo de carretilla cuenta con un sistema que permite variar el centro de gravedad de la carga. Esto favorece para que se pueda operar en espacios pequeños. La persona que la conduce va sentada de lado y esto permite que pueda vigilar los dos sentidos de la marcha.
⊃ **Carretilla trilateral.** Esta carretilla también es contrapesada y manipula la carga por los laterales y por el frente.
⊃ **Carretilla recoge pedidos.** Este tipo de carretilla cuenta con una cabina donde se sienta el conductor. Delante de la cabina están las horquillas que elevan la carga a la altura deseada y la depositan en la paleta que hay sobre las horquillas.

ACTIVIDAD COMPLEMENTARIA

4. Visualiza el vídeo titulado *"STILL reach truck FM-X - Precision at the highest level"*, que encontrarás accediendo desde aquí:

https://redirectoronline.com/coml022po0302

A continuación, indica las ventajas que ofrece la carretilla a la hora de trabajar en el almacén.

5.3. Transelevadores

Los transelevadores son máquinas o equipos que sirven para trasladar y depositar o apilar cargas a una altura máxima de 30 m. Se pueden mover por pasillos o zonas estrechas y a gran velocidad. Su desplazamiento se produce sobre una especie de raíles o guías.

Los hay con conductor y con microprocesador. Los transelevadores con microprocesador se utilizan para mover la mercancía de manera automatizada. Podemos hacer un símil si afirmamos que las estanterías son las que se mueven.

 PARA SABER MÁS

Puedes ver un vídeo llamado "Este es el interior de los almacenes inteligentes de Amazon", en el que podrás ver todo tipo de máquinas que has estudiado en esta unidad didáctica. Para ello accede desde aquí:

Continúa en página siguiente >>

<< Viene de página anterior

https://redirectoronline.com/coml022po0306

6. Los almacenes automáticos: utilizar las ayudas que ofrece el control mecanizado de los *stocks*

👉 HILO CONDUCTOR

La tecnología ha avanzado a pasos agigantados en la última década en todos los sectores. Actualmente, existen *softwares* en máquinas, utensilios y herramientas que ayudan y facilitan las labores de los operarios, convirtiendo su desempeño mucho más eficaz y eficiente. Daniel, el gerente de Mayorasa, ha escuchado que un *software* de gestión puede proporcionar mucha información que ayuda en la gestión y toma de decisiones para la aplicación de estrategias comerciales, al mismo tiempo que existen *softwares* que, gracias a la lectura de los códigos de barras, facilitan la identificación y situación del producto. Daniel desea conocer más para tomar una decisión al respecto y así automatizar las tareas que se realizan en su almacén.

Actualmente, contar con todas las prestaciones que ofrece la tecnología en máquinas, herramientas y utensilios es una oportunidad para automatizar el almacén y sacar mayor provecho del desempeño que realiza la plantilla. La información que proporcionan los SGA ayuda a la toma de decisiones en la actividad comercial y de gestión del almacén. La información que proporcionan los códigos de barras acerca de los productos facilita y agiliza las tareas de entrada, salida, y todo lo referente al *stock*.

PARA SABER MÁS

En el vídeo denominado "Así es por dentro el centro logístico de Mercadona en Ciempozuelos" puedes ver el funcionamiento del almacén de manera automatizada. Este almacén es un referente por ser uno de los pioneros en cuanto a automatización de la gestión del mismo. Para visualizarlo accede desde aquí:

https://redirectoronline.com/coml022po0307

6.1. Informes y estadísticas

En un SGA se introducen muchos datos de proveedores, clientes, artículos o productos, etc. Aquí se registra toda la actividad de la empresa; compras, ventas, gestión del almacén, etc.

Sin embargo, toda esta información parece que está ordenada según viene el SGA diseñado. La mayoría de los *softwares* de gestión traen un apartado de informes y/o estadísticas. Desde el cual se puede listar distinta información para que nos aparezca ordenada en base a los criterios que creamos oportunos.

Tal como podemos apreciar en la figura del programa Factusol, desde la opción **Informes** podemos extraer listados relativos a **Compras, Ventas, Almacén y Administración.** De este modo, se puede listar aquello referente a los procesos de compra, procesos de venta, rentabilidad, precios, ficheros, existencias, consumos, fabricación, cobros y pagos, etc.

Una vez que tenemos estos datos, que en una gran mayoría de programas se pueden exportar a una hoja de cálculo, podemos sacar estadísticas para llegar a conclusiones acerca de nuestros proveedores, clientes, productos o gestiones administrativas. Esto nos ayudará a la toma de decisiones empresariales en la mejora continua de nuestra actividad.

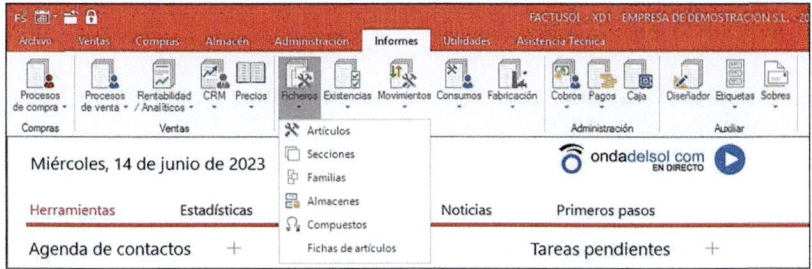

Se puede ver la cinta de opciones de Factusol. En la opción de **Informes,** como se puede observar, se puede desplegar cada botón para seleccionar qué es lo que se desea listar.

6.2. Sistemas de identificación automática: código de barras

A la hora de registrar la entrada o salida de un producto en el almacén o en tienda, se utiliza la codificación de barras.

El código de barras es un conjunto de barras negras verticales entre las que existen unos espacios en blanco. Tanto las barras como los espacios tienen distinto grosor. Esta combinación del ancho y orden de barras y espacios, además, va acompañada de un número.

Esta agrupación de la gráfica de barras y la numeración proporcionan información acerca del producto, cuando se lee mediante un escáner gracias a una pistola o lector de códigos de barras. Permite realizar un seguimiento continuo de un producto: su entrada y salida en almacén, así como su trazabilidad durante el proceso de transporte.

 **EJEMPLO**

Imagina un producto que sale de un almacén de Ciudad Real en furgoneta. Llega al puerto de Valencia donde embarca rumbo a Italia al puerto de Génova y desde ahí viaja en camión hasta un almacén en Bolonia, desde donde se enviará a un cliente en Padua. El recorrido de ese producto quedaría: salida del almacén de Ciudad Real/entrada en empresa transportista/salida de empresa transportista/ entrada en naviera/salida de naviera/entrada en empresa transportista italiana/ salida de empresa transportista italiana/entrada en almacén de Bolonia/salida de almacén de Bolonia/entrada en empresa transportista/salida de empresa transportista y entrega al cliente. Todo este recorrido puede ser rastreado gracias

Continúa en página siguiente >>

<< Viene de página anterior

al código de barras y conocer en cada momento en qué fase del transporte se encuentra el producto.

Cada código de barras es único. Aporta información muy variada acerca del producto como el país de origen, quién es el fabricante, el tipo de producto y el número de serie, entre otros.

Los códigos de barras utilizados más habitualmente son:

> El Código de Barras Universal o UPC *(Universal Product Code)* que se utiliza principalmente en América del Norte.

> El Código de Barras Europeo o EAN *(European Article Number)* que se utiliza en casi el resto del mundo excepto Estados Unidos y Canadá, donde utiliza el UPC.

> El Código QR *(Quick Response)*. Es una variante en la que se alternan cuadros negros y blancos en todas sus combinaciones posibles. Aporta mayor información, ya que puede compartir enlaces que llevan a páginas web, mensajes de texto, imágenes, etc. En la actualidad, es el más tendente.

El código de barras es escaneado por un lector óptico que envía la información a un *software* o SGA para que la procese. Es por esto que las entradas y salidas de productos en almacén, así como otras tareas, son tan rápidas y automáticas.

 **EJEMPLO**

Cuando una tienda vende un producto, pasa el código de barras por un lector. Entonces el lector emite un *bip* o sonido breve como confirmación de que se está dando de baja ese producto de la zona de exposición o tienda.

ACTIVIDAD COMPLEMENTARIA

5. Visualiza el vídeo titulado "¿Para qué sirve el código de barras?", que encontrarás accediendo desde aquí:

https://redirectoronline.com/coml022po0305

A continuación, indica qué es el código de barras y cuál es su utilidad.

7. Resumen

En la actividad de compraventa de productos, uno de los objetivos es disponer de *stock* para vender al cliente. La existencia de *stock* en el almacén se mantiene con el reaprovisionamiento o reabastecimiento del almacén.

Según la función del *stock,* existen los siguientes niveles:

Stock o nivel activo, normal o de ciclo

Stock o nivel de seguridad

Stock o nivel de alerta

Stock o nivel estacional

Stock o nivel inactivo o muerto

Stock o nivel en tránsito

Stock o nivel especulativo

Según la durabilidad del *stock,* existen los siguientes niveles:

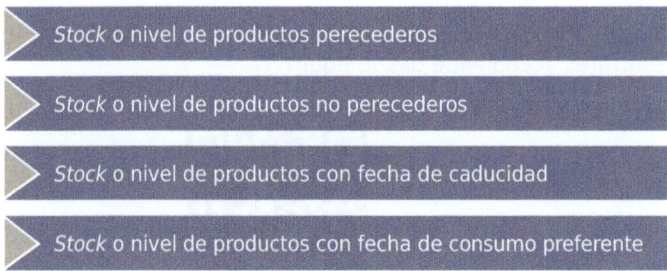

Stock o nivel de productos perecederos

Stock o nivel de productos no perecederos

Stock o nivel de productos con fecha de caducidad

Stock o nivel de productos con fecha de consumo preferente

Según la organización operativa de la empresa, existen los siguientes niveles de *stock:*

Stock o nivel óptimo

Stock o nivel cero

Stock o nivel físico

Stock o nivel neto

Stock o nivel disponible

Stock o nivel mínimo

Stock o nivel máximo

Los factores que influyen en las actividades de reaprovisionamiento son:

Demanda

Plazo de entrega

Nivel de inventario

Coste de reaprovisionamiento

Coste de agotamiento de *stock*

Políticas y restricciones de inventario

Previsión de la demanda

Los SGA o Sistemas de Gestión de Almacenes son sistemas o *softwares* informáticos que se emplean para facilitar las tareas de gestión del almacén.

El inventario es un listado de todos los productos que existen en el almacén. Sus funciones son diversas:

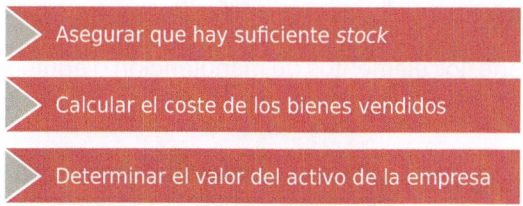

Los pasos para organizar el inventario son estos:

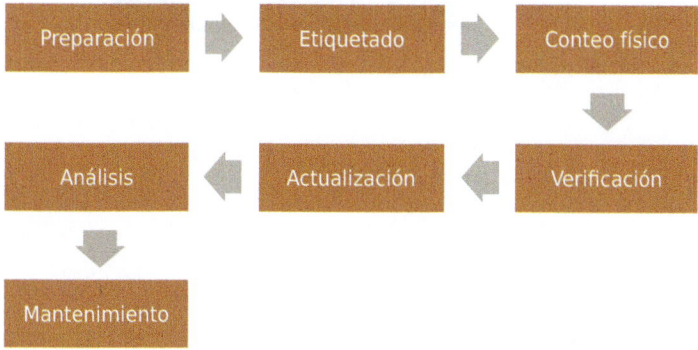

Los aspectos legales que debe cumplir una empresa española concretamente relacionados con el inventario son los siguientes:

Podemos encontrar diferentes tipos de inventario, que nos conducirán a distintas estrategias:

Por otra parte, los elementos de manutención o equipos pueden ser:

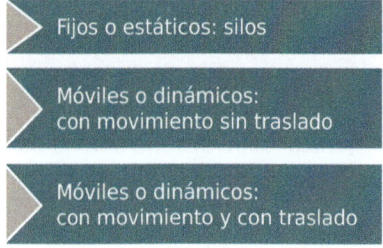

Ejercicios de autoevaluación
Unidad de Aprendizaje 3

1. Una cantidad de *stock* de material de madera no tratada se ha mojado por una inundación y ha quedado inservible. Este tipo de *stock* se trata de:

   a. *Stock* activo
   b. *Stock* mínimo
   c. *Stock* estacional
   d. *Stock* muerto

2. Unas latas de atún del almacén de un supermercado indican en su envase la fecha tope de consumo de 11/2027. Se trata de:

   a. *Stock* perecedero
   b. *Stock* no perecedero
   c. *Stock* con fecha de caducidad
   d. *Stock* con fecha de consumo preferente

3. Relaciona las siguientes situaciones con su factor de reaprovisionamiento.

   a. El cliente solicita pedido a otra empresa porque no le podemos suministrar el producto, ya que no se encuentra en el almacén.
   b. Nuestra clientela consume habitualmente nuestro producto estrella.
   c. Ha saltado el aviso en el sistema informático del *stock* de alerta de un producto.
   d. Faltan tres semanas para el inicio de la campaña de Navidad.
   e. Los días 15 de cada mes hay que solicitar pedido al proveedor de material de oficina.
   f. El proveedor de Francia tarda en enviarnos el pedido 10 días.
   g. Los gastos de envío del material del proveedor de Italia son 100 €/envío.

   __ Demanda
   __ Plazo de entrega
   __ Nivel de inventario
   __ Coste de reaprovisionamiento
   __ Coste de agotamiento de *stock*

    — Políticas y restricciones de inventario
    — Previsión de la demanda

4. Reordena los pasos para organizar la realización de un inventario:

- Conteo físico
- Actualización
- Etiquetado
- Análisis
- Preparación
- Mantenimiento
- Verificación

5. Indica si la siguiente oración es verdadera o falsa: "Los impuestos especiales de los carburantes, el alcohol o el tabaco es un aspecto legal que afecta al inventario".

- ■ Verdadero
- ■ Falso

6. Indica si la siguiente oración es verdadera o falsa: "La contabilidad general o financiera solo es obligatoria para las empresas minoristas y la contabilidad analítica o de costes solo es obligatoria para las empresas mayoristas".

- ■ Verdadero
- ■ Falso

7. Indica si la siguiente oración es verdadera o falsa: "El inventario rotativo es aquel que se produce en empresas donde se trabajan con turnos rotativos de mañana, tarde y noche".

- ■ Verdadero
- ■ Falso

8. Los silos múltiples son:

- a. Elementos de manutención fijos o estáticos.
- b. Elementos de manutención móviles con movimiento y sin traslado.

c. Elementos de manutención móviles con movimiento y con traslado.
d. Elementos de manutención transelevadores.

9. **La superficie negra deslizante donde se deposita la compra en las cajas de los supermercados para pagar se trata de...**

   a. ... un silo cilíndrico.
   b. ... una cinta transportadora.
   c. ... un apilador.
   d. ... una transpaleta.

10. **El código de barras cuyo uso se inició en Europa es:**

    a. El código UPC
    b. El código EAN
    c. El código QR
    d. El código FIFO

Procesos de preparación de pedidos y distribución

Contenido

Objetivos

El objetivo general de esta Unidad de Aprendizaje es:

→ Conocer los procesos de preparación de pedidos (*picking* y *packing*), así como los aspectos relacionados con la distribución y transporte de los mismos.

Los objetivos específicos de esta Unidad de Aprendizaje son:

→ Diferenciar las fases y técnicas de *picking* o recogida de productos y las fases de *packing* o embalaje.

→ Distinguir los aspectos claves que tener en cuenta en la distribución y transporte de pedidos.

1. Introducción

Cuando hablamos de pedidos, es habitual que el cliente adquiera varios productos diferentes en un mismo pedido. Por tanto, se deben recoger los productos de las distintas ubicaciones del almacén, prepararlos, empaquetarlos y enviarlos en uno o varios paquetes al cliente.

Todas estas funciones podemos englobarlas en dos fases principales del proceso del sistema: preparación de pedidos y distribución y/o transporte de pedidos.

Vamos a continuar con la empresa Mayorasa. Recordando que es una empresa mayorista de productos de papelería y material y mobiliario de oficina, con su almacén en un polígono industrial ubicado fuera de una ciudad de unos 500.000 habitantes. Esta empresa compra material a diferentes proveedores y, posteriormente, lo vende a distintas tiendas minoristas como papelería o hipermercados que cuentan con sección de papelería.

2. La preparación de pedidos

 HILO CONDUCTOR

Daniel, el gerente de Mayorasa, ha visto cómo ha aumentado la carga de trabajo desde que iniciaron la tienda *online*. Además de preparar los envíos de los artículos de clientes que compran en tienda física, se deben preparar los pedidos de todos los artículos que se venden vía internet. Daniel se ve obligado a contratar a dos personas más en almacén, además de a informarse sobre la organización de un proceso de preparación de pedidos para optimizar las tareas de los nuevos empleados desde el comienzo de su andadura en la empresa.

Podemos diferenciar las siguientes **fases o pasos** en el **sistema logístico:**

Solicitud de pedido al proveedor

Continúa en página siguiente >>

<< Viene de página anterior

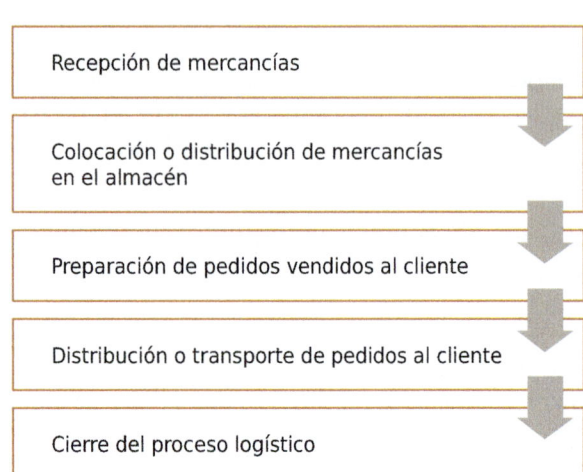

En este epígrafe nos vamos a centrar en la fase preparación de pedidos y en el siguiente nos centraremos en la fase de distribución física y transporte.

2.1. Fases de la preparación de pedidos o *picking*

La preparación de pedidos o *picking* es el proceso en el que se localizan los productos en el almacén, se seleccionan y extraen de sus ubicaciones y se trasladan a la zona de *picking* o preparación de pedidos. Una vez hechas las comprobaciones de que está todo correcto, se traslada dicha mercancía a la zona de *packing* donde se empaquetan y embalan. De ahí se cargarán a los vehículos de transporte que se encargarán de trasladarlo a su destino.

Este proceso de preparación de pedidos, dentro del sistema logístico, lo realizan todas las empresas que venden productos a clientes y se los tienen que hacer llegar, bien sea mayoristas o minoristas, es decir, aquellas empresas que trabajan con cumplimiento de pedidos.

Los **pasos** en un **proceso de** *picking* o selección y recogida de artículos en la preparación de pedidos son los siguientes:

➲ **Recepción del pedido.** Para comenzar con la preparación del pedido, debe existir un pedido de mercancías por parte del cliente. Este se recibirá a través de cualquiera de los canales de venta a través de los cuales comercializamos nuestros productos: una página web, en tienda física, vía *e-mail,* un *call center* o centro de llamadas, etc.

- **Recopilación de información.** Se recopila toda la información del pedido: dirección postal, dirección de facturación, disponibilidad de artículos solicitados, cantidades, instrucciones especiales en el pedido, etc.
- **Planificación del *picking*.** Se planifica el recorrido más óptimo por el almacén para recoger los artículos. Esto conlleva la utilización de sistemas informáticos que optimizan la eficiencia de la ruta o recorrido de recopilación de productos.
- **Recolección de productos.** Los operarios, máquinas o grúas se desplazan a la ubicación donde se encuentra situado el artículo para seleccionarlo y extraerlo de dicha ubicación. Se deben utilizar herramientas o utensilios como lectores de códigos de barras, listas impresas o en dispositivos digitales, etc., para recoger los productos correctos.
- **Verificación.** Una vez que se han retirado todos los productos de sus ubicaciones, se debe comprobar que son los correctos y en sus cantidades correspondientes antes de pasarlos al siguiente proceso de empaque.

APLICACIÓN PRÁCTICA

María llega por la mañana al almacén, abre el programa informático y ve la solicitud de productos por parte de un cliente. De las siguientes fases de preparación ¿a cuál correspondería el pantallazo que ves en la figura?

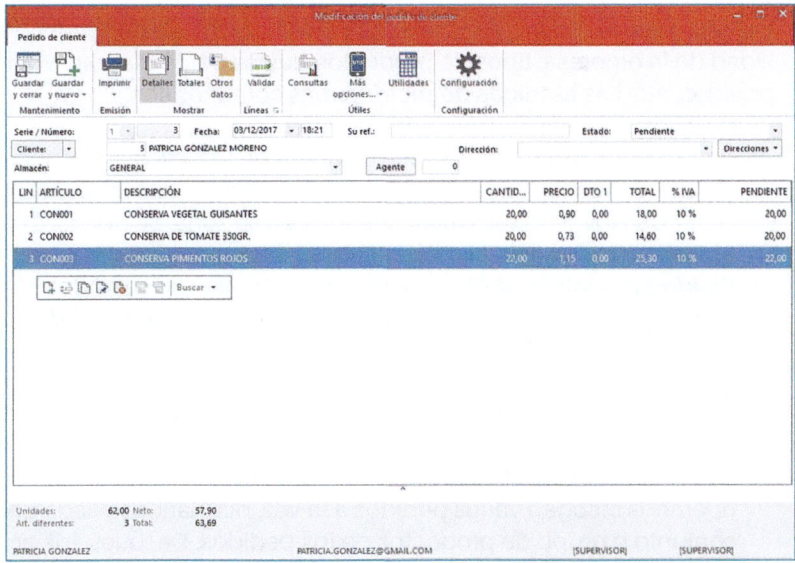

Continúa en página siguiente >>

<< Viene de página anterior

- **Recepción del pedido**
- **Recopilación de información**
- **Planificación del *picking***
- **Recolección de productos**

Solución

El documento corresponde a un pedido de cliente que está registrado en el *software.*

La recopilación de información corresponde a la comprobación de la disponibilidad de los tipos y cantidad de productos que solicita el cliente.

La planificación del *picking* corresponde a la planificación de las rutas o recorridos por el almacén para retirar los productos de sus ubicaciones.

La recolección de productos es la ejecución en sí misma de la retirada de los productos de sus ubicaciones.

2.2. Técnicas de *picking*

Las técnicas de *picking* son variadas y su elección va a depender de la actividad de la empresa, tipos de productos que se comercializan, volumen de pedidos, etc. Las **técnicas de *picking*** más comunes son:

- *Picking* **por zona.** Esta técnica se utiliza en aquellos almacenes que se dividen por zona y cada operario domina una. De este modo, cada operario recoge los productos almacenados en su zona. Se optimiza el tiempo y la eficiencia, ya que cada uno conoce los recorridos a la perfección.
- *Picking* **por lote.** Esta técnica trata de agrupar varios pedidos a la vez, de modo que recogen de un mismo lote los productos repetidos o comunes en varios pedidos. Esto evita desplazamientos o recorridos repetidos, ya que en un mismo recorrido se pueden recoger varias cantidades del mismo producto solicitadas desde distintos pedidos.
- *Picking* **por oleada.** También denominada *batch picking*. El término anglosajón *batch* significa grupo, tanda, lote o pila. Con esta técnica, varios operarios recogen varios pedidos a la vez, ocupándose cada uno de un conjunto o grupo de productos de los pedidos. Después, los productos se separan y se ensamblan cada uno en su pedido.

- *Picking* **por zona y oleada.** O *zone batch picking.* Esta técnica es una combinación de las dos anteriores. El almacén se divide en zonas y, a su vez, se recogen los productos agrupados dentro de cada una. Después, los productos se separan y se ensamblan para cada uno de sus pedidos. Esta técnica combina la ventaja de la optimización de recorridos y de la recogida por lotes o agrupamientos.
- *Picking* **por voz.** En esta técnica los operarios utilizan auriculares y micrófonos conectados a un sistema de voz procedente de un *software* que les indica dónde están ubicados los productos, y en qué ubicaciones deben recogerlos. Una vez retirados, los operarios confirman la tarea mediante un comando de voz. Ofrece la ventaja de libertad de movimiento y un mayor enfoque en la tarea de selección, ya que el *software* indica exactamente de dónde hay que retirar.
- *Picking* **por luz.** En esta técnica se aprovecha que las estanterías y ubicaciones están señalizadas con luz. Estas luces guían a los operarios indicándoles en qué ubicaciones deben retirar los productos.

2.3. Embalaje o *packing*

El proceso de empaque, embalaje de pedidos o *packing* consiste en empaquetar todos los productos para enviarlo al cliente. Esta etapa es muy importante para garantizar que los productos llegan sin deteriorar y en buen estado. Es el proceso en el que se deben proteger los artículos para que no se rompan ni se estropeen durante el transporte o traslado. La llegada al destino de manera óptima hace que aumente la satisfacción del cliente en el proceso de compra o adquisición de productos.

Los **pasos** en un **proceso de** *packing* o empaque de pedidos en la preparación de pedidos, son los siguientes:

- **Selección del embalaje adecuado.** Se debe elegir el tipo de embalaje adecuado, teniendo en cuenta la naturaleza del producto y su fragilidad. Además del embalaje externo, hay que tener en cuenta el interior. Los embalajes pueden ser de distintos tipos: cajas de cartón o plástico, sobres burbuja o acolchados, bolsas de papel o plástico, etc. Además de materiales de relleno como papel de embalar, espumas, papel de burbujas, etc.
- **Organización y disposición de los productos.** Los productos se deben organizar y colocar de manera ordenada, a modo de puzle o tetris para que no se muevan y choquen entre ellos, pudiéndose producir roturas o deterioros. Se deben minimizar estos riesgos durante el itinerario de transporte. Se pueden utilizar separadores divisores para crear departamentos internos y evitar que se muevan o choquen unos contra otros.

- **Protección de los productos.** Se trata de proteger los productos con materiales suaves y/o acolchados, como puedan ser corchos, espumas, papel burbujas, telas, etc., para resguardarlos de posibles impactos entre ellos, con otros paquetes en el vehículo de transporte, o al ser trasladados fuera del vehículo de transporte, es decir, por los almacenes o en la propia entrega al cliente.
- **Etiquetado del embalaje.** Se deben colocar etiquetas en los paquetes. Estas deben contener información relevante: la dirección de entrega del cliente destinatario, números o referencias de seguimiento, instrucción especial en cuanto al contenido del paquete como, por ejemplo, si se trata de contenido frágil o que haya que trasladar bocarriba, indicaciones requeridas por el cliente para la entrega como, por ejemplo, un horario específico de entregar por las tardes.
- **Documentación y contenido del paquete.** En esta fase se generan todos los documentos referidos a este pedido, a su transporte y entrega como albaranes de entrega, facturas, instrucciones de uso, manuales, etc.
- Se debe hacer una **verificación o comprobación** última para saber que el contenido coincide con el pedido que realizó el cliente.
- **Sellado del embalaje.** Una vez que los productos y la documentación generada están en el embalaje, se debe cerrar y sellar de forma segura con cintas adhesivas u otro método para garantizar que el embalaje es seguro durante su traslado y nadie lo puede manipular. Es decir, que nadie lo pueda abrir y manipular el contenido, o que la mercancía se salga y se pierda del embalaje por no estar bien sellado.

El sellado del embalaje es importante para evitar que el contenido se salga de su interior y se pierda por el camino de traslado.

IMPORTANTE

El objetivo primordial de la fase de preparación de pedidos en el sistema logístico es garantizar que el destinatario recibe los productos solicitados de manera rápida y precisa, minimizar los errores en el proceso y optimizar el proceso logístico que ofrece la empresa vendedora.

3. El transporte y distribución física

☞ **HILO CONDUCTOR**

Una vez que en Mayorasa tienen preparados los pedidos, deben enviárselos a sus clientes. Hasta ahora, disponían de una furgoneta con un repartidor que surtía a municipios de un radio de 50 km. Sin embargo, desde que iniciaron la tienda *online*, la demanda se ha incrementado un 300 %, llegando a recibir pedidos desde cualquier punto de España, incluyendo ambos archipiélagos, Ceuta y Melilla. Por lo que Daniel, el gerente, se ve en la necesidad de revisar las diferentes opciones de transporte para llegar a todos los destinos españoles.

Una vez que el pedido está empaquetado, es necesario trasladarlo o transportarlo a su destinatario. Se pueden dar dos situaciones:

1 La empresa vendedora ofrece su propio servicio de transporte.

2 La empresa vendedora subcontrata el servicio de transporte a una empresa especializada.

Sea como sea, la empresa encargada del transporte tendrá que realizar los procesos de distribución y transporte.

3.1. Distribución de pedidos

Este proceso trata de distribuir los diferentes pedidos en los distintos vehículos que van a realizar las rutas o transportes. Sobra decir que si el destino de un pedido es Almería, no se podrá cargar en un vehículo que hace la ruta por la Cornisa Cantábrica.

Los **pasos o fases** más destacables en el proceso de distribución de paquetes en los distintos vehículos son:

Planificación de rutas
Una vez que están preparados los paquetes para su envío, se debe planificar la ruta de la manera más óptima. Esto implica tener en cuenta factores como las poblaciones y municipios de destino, la distancia entre ellos, la congestión del tráfico o tránsito en las carreteras, los tipos de vías, la urgencia de la entrega, etc.

Selección del método de transporte
Dependiendo de los tipos de cargas, la distancia a recorrer y el plazo de entrega, se debe elegir el método de transporte más adecuado. El transporte puede ser terrestre por carretera (camiones, furgonetas, etc.), terrestre ferroviario (tren), aéreo (avión) o marítimo (barco). Según las distancias puede existir una combinación de todos estos servicios, bien por una única empresa de transporte, o varias empresas especializadas cada una en los diferentes tramos. En los tramos urbanos están proliferando los transportes en motocicletas, bicicletas, patinetes e, incluso, a pie.

Seguimiento y control
Las empresas de transporte deben etiquetar los paquetes y las cargas para seguir y controlar en qué vehículo, qué fecha, qué conductor, etc. está transportando dicha mercancía. De este modo, se puede ofrecer al cliente un servicio o posibilidad de seguimiento para saber en qué tramo del trayecto se ubica el pedido. Esto permite identificar el rastreo y resolver cualquier incidencia o retraso en la entrega.

Existen distintos tipos de vías o carreteras: autopistas, autovías, carreteras nacionales, autonómicas, comarcales, etc. Esto influye en la amplitud y seguridad de las mismas, las velocidades máxima y mínima, mayor o menor tránsito, etc.

 TAREA 6

Una empresa de Serón de Nágima, un pueblecito de Soria, ha adquirido unos productos cuyo proveedor está en Allentown, ciudad a unas 90 millas de Nueva York. El proveedor debe llevar dicha mercancía hasta el puerto de Nueva York. Una vez allí, la mercancía navegará hasta Lisboa. Desde allí, hay que llevarla a unos almacenes centrales en Madrid, de donde viajará a Soria a los almacenes del transportista, y desde ahí deberán llevarla a Serón de Nágima. El pedido de la empresa cliente corresponde a 3 cajas de 1 m³ cada una. ¿Qué método de transporte será el adecuado en cada recorrido?

3.2. Transporte de pedidos

Una vez que los pedidos están distribuidos y asignados a cada vehículo y cada ruta, llega la hora de cargarlos y transportarlos. Cargar significa montarlos en el vehículo y transportarlos significa desplazarlos o moverlos de un punto de origen (almacén, tienda, etc.) a un punto de destino (almacén, tienda o domicilio del cliente). Se deben tener en cuenta las siguientes **fases** en este proceso:

◯ **Consolidación de cargas.** Consiste en organizar y colocar las cargas de manera segura y permitiendo una optimización del espacio en el vehículo. No solo se trata de organizarla a modo de tetris, sino que deben tenerse en cuenta los destinos y la ruta determinada, ya que la mercancía que haya que descargar primero será prioritaria a estar cerca de la puerta de carga/descarga del vehículo, mientras que la que se deba entregar al final de la ruta, se situará más al fondo del vehículo.

➲ **Consideraciones de seguridad.** Durante el transporte se deben garantizar ciertas medidas de seguridad. Además de que los productos vayan bien embalados para que no se produzcan roturas o daños en los mismos, se deben cumplir medidas para evitar la pérdida o robo de la mercancía. También se deben cumplir con los requisitos establecidos por normativa vigente respecto a mercancías especiales como pueden ser las peligrosas o las inflamables.

➲ **Gestión de la "última milla".** La "última milla" en logística se refiere al último tramo realizado antes de la entrega en el destino final. Es primordial para asegurar una entrega con éxito. Puede llegar a implicar a diferentes empresas de transporte, conductores independientes (autónomos o *freelancers*) o empresas de servicios de entrega especializadas.

➲ **Entrega del envío.** El paquete llega a su destino y se entrega al cliente, bien sea una empresa o un consumidor final. Generalmente, se entrega en la puerta del cliente o en un centro o punto de recogida donde el cliente debe ir e identificarse (según haya optado el cliente o lo haya impuesto como política de empresa la entidad vendedora). En ambas situaciones, el cliente debe firmar un acuse o justificante de recibo, en papel o en un dispositivo digital.

Existen mercancías peligrosas, químicas, explosivas, inflamables, radioactivas, de ganado, etc., que tienen regulaciones al respecto para su transporte y deben ser cumplidas.

3.3. Gestión de las devoluciones

En ocasiones, los clientes devuelven el producto por no cumplir con las expectativas esperadas o porque este llega defectuoso. Sea cual sea el motivo, en la actualidad, muchas empresas llevan, entre la documentación del pedido dentro del paquete, unas instrucciones e impresos que orientan e indican al cliente sobre cómo realizar la devolución. En este caso, es el cliente el que se encarga de la preparación del paquete, siguiendo a continuación las indicaciones sobre contactar con la empresa de transporte, etc.

IMPORTANTE

Es importante que la documentación que aporte el cliente, en caso de devolución, sea previamente aportada por la empresa vendedora o de transporte, que se puedan verificar las condiciones de los productos, procesar el reembolso económico y, por tanto, gestionar y registrar la devolución.

En general, la verificación de todos y cada uno de los procesos (*picking, packing,* distribución y transporte), aumenta la calidad y disminuye el error. De esta manera, se evitarán aquellas devoluciones que se producen por error en el envío, es decir, aquellas que se producen porque el artículo enviado no se corresponde con el tipo, modelo, color, tamaño, cantidad o material solicitado desde el inicio por el cliente.

Un embalaje adecuado evitará la devolución por roturas o deterioros de la mercancía. La verificación en los procesos disminuirá un porcentaje de las devoluciones.

ACTIVIDAD COMPLEMENTARIA

6. Lee la noticia titulada "Multa de 140.000 € por dejar un paquete en la heladería de abajo sin permiso", que encontrarás accediendo desde aquí:

https://redirectoronline.com/coml022po0401

A continuación, indica las causas de por qué esta práctica es indebida.

4. Resumen

Dentro del sistema logístico podemos distinguir las siguientes fases:

Solicitud de pedido al proveedor

Recepción de mercancías

Colocación o distribución de mercancías en el almacén

Preparación de pedidos vendidos al cliente

Distribución o transporte de pedidos al cliente

Cierre del proceso logístico

La preparación de pedidos o *picking* abarca desde que se recibe el pedido procedente del cliente hasta que recogemos los productos de sus ubicaciones y los verificamos antes de pasar a la fase de embalaje o *packing*.

Recepción del pedido

Recopilación de información

Planificación del *picking*

Recolección de productos

Verificación

Existen diferentes técnicas de *picking:*

Una vez retirados los productos de sus ubicaciones y verificado, se pasa al proceso de *packing* o embalaje, que consta de las siguientes fases:

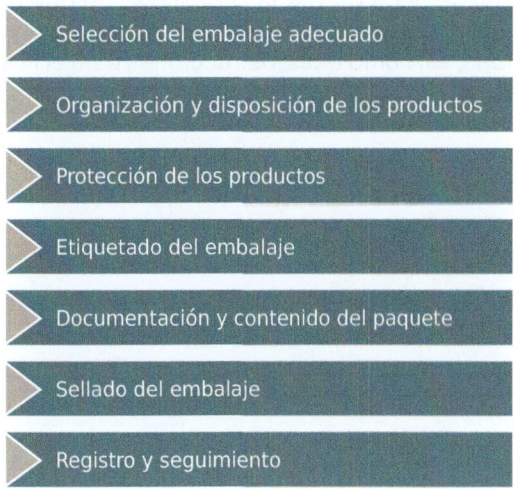

Una vez que todos los artículos están embalados y preparados se deben distribuir en los vehículos o medios de transporte. Este proceso de distribución está formado por estas fases:

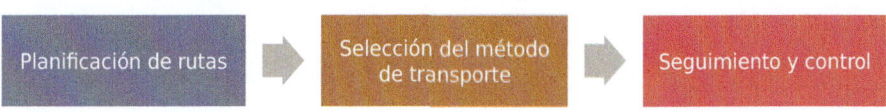

Después de distribuirlos en qué tipo de vehículo se va a transportar, se pasa a organizar el proceso de transporte, cuyas etapas o fases son:

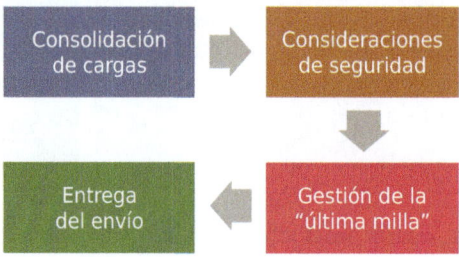

Por último, no se debe olvidar la posibilidad de que el cliente devuelva el producto. Por lo que muchas empresas preparan la documentación para esa posibilidad, así como unas instrucciones para el cliente si desea realizar una devolución. Ahí comenzaremos de nuevo todo el proceso.

Ejercicios de autoevaluación
Unidad de Aprendizaje 4

1. En la preparación de pedidos, un operario retira dos cajas de un palé. Este hecho corresponde a la fase:

   a. Recepción del pedido
   b. Recopilación de la información
   c. Planificación del *picking*
   d. Recolección de productos

2. En la preparación de pedidos, un operario comprueba que todos los artículos están listos para pasar a la fase de *packing* o embalaje. Este hecho corresponde a la fase de:

   a. Verificación
   b. Recolección de productos
   c. Planificación del *picking*
   d. Recopilación de la información

3. Un operario tiene que retirar el producto "Faldas rojas de seda" del sector A4, y el producto "Bolsos negros de piel" del sector C6. Este criterio corresponde a la técnica:

   a. *Picking* por zona
   b. *Picking* por lote
   c. *Picking* por oleada
   d. *Picking* por zona y oleada

4. Un operario se dirige a una estantería que se encuentra iluminada mediante una señal para retirar una mercancía. Esta técnica se denomina:

   a. *Picking* por voz
   b. *Picking* por luz
   c. *Picking* por referencia
   d. *Picking* por numeración

5. Ordena las siguientes fases del proceso de *packing* o embalaje.

- Selección del embalaje adecuado
- Protección de los productos
- Documentación y contenido del paquete
- Registro y seguimiento
- Organización y disposición de los productos
- Etiquetado del embalaje
- Sellado del embalaje

6. Un operario está poniendo cinta de embalar a una caja. ¿A qué fase del proceso corresponde?

- a. Organización y disposición de los productos
- b. Protección de los productos
- c. Etiquetado del embalaje
- d. Sellado del embalaje

7. Un operario está envolviendo unas tazas en papel burbuja. ¿A qué fase del proceso de *packing* corresponde?

- a. Organización y disposición de los productos
- b. Protección de los productos
- c. Etiquetado del embalaje
- d. Sellado del embalaje

8. En la empresa de transporte han decidido que una caja con destino Mojácar la van a cargar en una furgoneta matrícula 1234-ABC con destino al almacén distribuidor ubicado en Almería capital. ¿A qué fase del proceso de distribución de pedidos corresponde este hecho?

- a. Planificación de rutas
- b. Selección del método de transporte
- c. Seguimiento del paquete
- d. Control del paquete

9. **En una empresa de transporte van a utilizar un camión refrigerado para transportar mercancía alimentaria que necesita viajar a -18 C. Dentro del proceso de transporte, este hecho pertenece a la fase de:**

      a. Consolidación de cargas
      b. Consideraciones de seguridad
      c. Gestión de la "última milla"
      d. Entrega del envío

10. **Indica si la siguiente oración es verdadera o falsa: "Generalmente, se recomienda que el comprador siga las instrucciones de devolución indicadas por el vendedor".**

      ■ Verdadero
      ■ Falso

Costos de almacenamiento

Contenido

Objetivos

El objetivo general de esta Unidad de Aprendizaje es:

→ Analizar los costes generales del almacenamiento.

Los objetivos específicos de esta Unidad de Aprendizaje son:

→ Diferenciar cuáles son los costes de almacenamiento.

→ Distinguir los costes de pedido.

→ Describir los costes de pedidos.

1. Introducción

Los principales costos que se derivan en la actividad de almacén son los de almacenamiento y los de pedido. Ambos están muy relacionados entre sí, aunque tiene connotaciones diferentes.

La diferencia principal de ambos tipos de costos se encuentra en su naturaleza y origen. El costo de almacén se origina por mantener el *stock* guardado y custodiado en el almacén. El costo de pedido se origina al realizar el proceso de adquisición o reaprovisionamiento para reponer de nuevo el *stock.*

A lo largo de la presente unidad de aprendizaje continuaremos con el ejemplo que hemos desarrollado anteriormente, la empresa Mayorasa. Esa empresa mayorista de productos de papelería, material y mobiliario de oficina, con su almacén en un polígono industrial ubicado fuera de una ciudad de unos 500.000 habitantes. Recordemos que Mayorasa compra material a diferentes proveedores y, posteriormente, lo vende a distintas tiendas minoristas como papelerías o hipermercados que cuentan con sección de papelería.

2. Costo de almacenamiento

☞ HILO CONDUCTOR

Daniel, el gerente de Mayorasa, sabe que el precio de adquisición de un producto más la suma del margen bruto de beneficio da como resultado el precio de venta. En este margen de beneficio, siempre incluye un poco más de lo previsto porque sabe que tiene que pagar los sueldos de la plantilla más el alquiler de la nave industrial. Sin embargo, es consciente de que tiene otros gastos en la empresa y debe imputarlos en el producto como coste. Va a informarse sobre esto para calcular con mayor exactitud y minimizar el error en el cálculo.

El **coste** es la parte proporcional de un gasto imputada a un producto o a una tarea o función. El precio de venta está formado por tres elementos básicos:

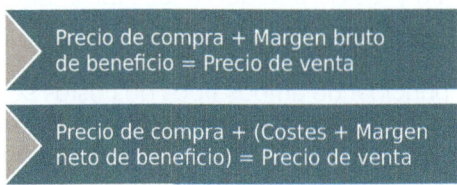

> Precio de compra + Margen bruto de beneficio = Precio de venta

> Precio de compra + (Costes + Margen neto de beneficio) = Precio de venta

El precio de compra es el precio que marca el proveedor en el proceso de compraventa.

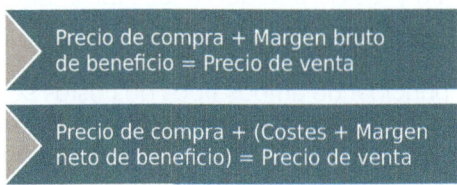 EJEMPLO

Compramos 1.000 unidades de un producto a un precio de 20.00 €/unidad. Es decir, al proveedor se le debe pagar 20.00 € x 1.000 unidades = 20.000 €. Esto es el precio de compra.

Sin embargo, como intermediarios debemos ganar beneficio en el proceso de compraventa cuando vendemos nuestros productos al cliente, bien sea otra empresa o el consumidor final.

Si solo añadimos una cantidad como margen bruto, aparentemente, sería un cálculo sencillo.

EJEMPLO

Al precio de compra anterior, 20.00 €, añadimos 10.00 € de margen bruto y obtendríamos un precio de venta de 30.00 €/unidad.

20.00 € + 10.00 € = 30.00 €/unidad.

20.000 € + 10.000 € = 30.000 € en la operación de compraventa.

De este modo, podríamos pensar erróneamente que estamos ganando un beneficio de 10.00 €/unidad o 10.000 € en la operación de compraventa, ya que es la cantidad que hemos marcado o decidido ganar. Sin embargo, en realidad, esto no es así. De esos 10.000 € de margen bruto total o 10.00 €/unidad, se debe pagar el alquiler del local, el suministro de luz, calefacción, sueldos y salarios, impuestos, etc.

Es decir, hay una serie de gastos que se originan por la actividad de la empresa y que debemos imputarlos como coste del producto para, a partir de ahí, determinar cuál va a ser el margen neto de beneficio y saber cuál es el beneficio real que se carga al producto.

Para imputar los gastos como parte del coste de un producto, debemos saber que en el proceso de compraventa existen estas tres **fases principales:**

Adquisición o compra → Almacenaje o mantenimiento → Emisión de pedidos o venta

En el presente epígrafe vamos a ver los costes de almacenamiento, almacenaje o mantenimiento. En el siguiente estudiaremos los costes de pedido, adquisición, compra o reaprovisionamiento. Aunque también se deberían tener en cuenta los costes que puedan causar la fase de emisión de pedidos en la venta, como pudiera ser empaquetado o envío del paquete al cliente.

Los gastos de contabilidad general o contabilidad financiera que se pueden imputar en la contabilidad analítica o de costes son los relativos al **grupo 6. Compras y gastos.** Dentro de este grupo contable se encuentran los siguientes **subgrupos:**

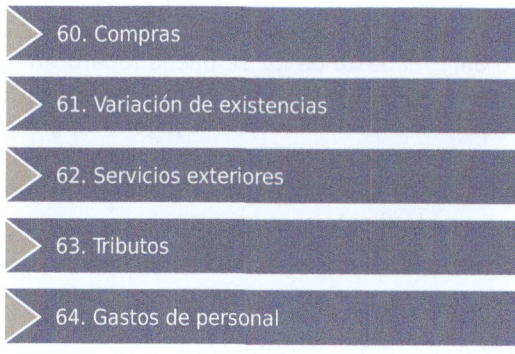

60. Compras

61. Variación de existencias

62. Servicios exteriores

63. Tributos

64. Gastos de personal

Continúa en página siguiente >>

<< Viene de página anterior

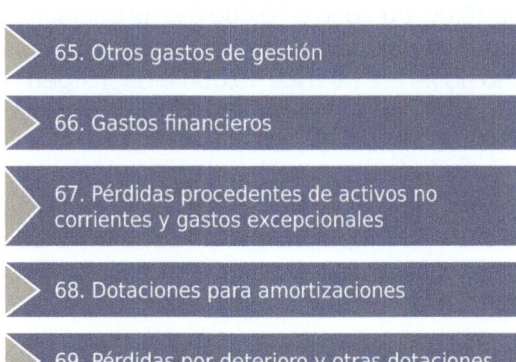

65. Otros gastos de gestión

66. Gastos financieros

67. Pérdidas procedentes de activos no corrientes y gastos excepcionales

68. Dotaciones para amortizaciones

69. Pérdidas por deterioro y otras dotaciones

Dentro de cada subgrupo existen numerosas cuentas contables. Algunas son más habituales y usuales por la actividad de la empresa, mientras que otras solo se utilizan para regularizar o hacer operaciones administrativas, pero no es habitual su uso.

2.1. Costes imputados por la función de almacenamiento

El coste de almacenamiento se origina por la actividad o tarea específica de almacenar, guardar o custodiar el *stock* en el almacén. Generalmente, este coste aumenta cuanto más producto se acumula en el almacén.

👁 EJEMPLO

En un restaurante, el gasto de luz se puede repartir imputando su coste a la elaboración de cada plato, elaboración de bebidas calientes como cafés o infusiones, el funcionamiento de las cámaras frigoríficas y congeladores, el funcionamiento de los fogones, el funcionamiento de los lavavajillas, la iluminación del restaurante donde disfrutan de las comidas los comensales, el uso de los aseos por parte de la clientela, etc.

Los **gastos** que se pueden imputar como costos de almacenamiento son:

‣ **Alquiler o propiedad del almacén.** El gasto de alquiler del espacio que se utiliza como almacén, la adquisición de su propiedad o su prorrateo en cuotas de hipoteca se debe imputar a los productos, ya que este gasto debería ser recuperado en el precio del producto que paga el cliente.
Por ejemplo, un empresario paga 800 €/mes por el alquiler de una nave en un polígono industrial situado en las afueras del municipio

‣ **Sueldos y salarios.** Este gasto de personal, junto con las cotizaciones a la Seguridad Social y a otros gastos sociales, si los tuviera la empresa, debe ir imputado como coste en el producto.
Por ejemplo, una empresa cuenta con tres empleados a quienes paga un sueldo de 2.700 € brutos/mes/empleado, es decir, un total de 8.100 € en sueldos y salarios.

‣ **Suministros.** El gasto de suministros de luz, agua, gas, telefonía, etc., deben imputarse como coste en el producto para ser recuperado en el precio de venta.
Por ejemplo, una empresa tiene los siguientes gastos en el mes de enero:

  ◗ Luz 5.200 €
  ◗ Gas 1.700 €
  ◗ Agua 150 €

‣ **Mantenimiento.** Gastos que se originen por el mantenimiento y conservación del local o del mobiliario del almacén como estanterías, cajones, máquinas, utensilios y herramientas, se deben imputar como coste del producto.
Por ejemplo, una empresa ha tenido que contratar a una persona de mantenimiento durante 3 h para arreglar algunos desperfectos en el mobiliario, ascendiendo el gasto a 60 €. Por otra parte, la empresa paga por un servicio de mantenimiento de máquinas 100 €/mes.

‣ **Seguros.** Los seguros del local, seguros de los vehículos de transporte, seguros de responsabilidad civil, etc., también se deben tener en cuenta en la imputación de costes.
Por ejemplo, una empresa paga por:

  ◗ Seguro de responsabilidad civil 1.200 €/año
  ◗ Seguro de local 1.000 €/año
  ◗ Seguro de vehículos 400 €/año/vehículo, como tienen 7 furgonetas, este último gasto asciende a 2.800 € anuales.

‣ **Depreciación de equipos.** La depreciación de equipos como maquinaria, herramientas y utensilios, que van perdiendo valor y que, con el tiempo, deberán reponerse para continuar con la actividad es otro de los gastos a imputar como coste del producto.
Por ejemplo, una máquina se adquirió por un valor de 2.000 €, la cual se va a amortizar en 10 años, por lo que cada año se deprecia en 200 €.

Es el valor que está calculado que pierde la máquina. De modo que, si se vendiese al cuarto año después de su adquisición, la máquina se vendería por 1.200 €, ya que ha ido perdiendo valor. Los 800 € que se han "perdido" en los primeros cuatro años, son un gasto que se debe imputar como coste, para ir recuperando el dinero y, al final de la vida útil de la máquina, poder adquirir otra de nuevo.

⮑ **Otros.** Cualquier otro tipo de gasto que se pueda generar de manera habitual y asidua por la actividad de la empresa y que se considere que se debe imputar al coste del artículo.

Por ejemplo, la conexión a internet o la telefonía es un gasto que se podría imputar como coste, ya que es necesario para el desarrollo de la actividad de la empresa.

El suministro de luz es un gasto en un almacén que sirve para iluminar las instalaciones, hacer funcionar los ordenadores y la maquinaria, cargar las baterías de los vehículos internos, así como alumbrar despachos, baños, áreas de descanso del personal, etc. Sin embargo, la parte de luz que se emplea en el almacenamiento del producto se debe imputar como coste parcial del mismo.

A su vez, el hecho de almacenar productos puede originar otros costes por la mala gestión del almacén o por el riesgo que corre el producto en sí por la naturaleza de la actividad de almacenaje.

 **APLICACIÓN PRÁCTICA**

Javier, el nuevo contable de la empresa se ha encontrado con la cuenta 630. Impuesto sobre beneficios. De entre los siguientes grupos contables, ¿a cuál pertenece dicha cuenta? Ayuda a Javier a averiguarlo.

Continúa en página siguiente >>

<< Viene de página anterior

- **Compras**
- **Servicios exteriores**
- **Tributos**
- **Gastos de personal**

Solución

En el Plan General de Contabilidad, esta cuenta pertenece al grupo 63. Tributos.

En la cuenta 60. Compras, se encuentran las cuentas relacionadas con las compras de mercaderías.

En la cuenta 62. Servicios exteriores, se encuentran aquellos gastos que se pagan a prestadores de servicios como arrendamientos y cánones, transportes, primas de seguros, etc.

En la cuenta 64. Gastos de personal, se encuentran aquellos gastos relacionados con la plantilla como son los sueldos y salarios, Seguridad Social a cargo de la empresa, indemnizaciones, etc.

Hemos visto los gastos contables que se pueden imputar como costes. A su vez, vamos a diferenciar los **tipos de costes de almacenamiento:**

- **Coste de mantenimiento.** Aquí están involucrados todos los costes referentes a la ubicación de la mercancía, el traslado para entrada, salida o reubicación de las mismas por los operarios, la instalación y mantenimiento del SGA o Sistema de Gestión de Almacén que favorece la actividad y operatividad del mismo, suministros como electricidad, gas y agua, amortizaciones del local y de la maquinaria, herramientas y utensilios utilizados, impuestos, seguros, depreciación de las existencias, etc.
- **Coste de espacio.** Todo almacén es un espacio donde guardar las mercancías. Existen empresas que necesitan más espacio que otras, es decir, un almacén más grande. No es lo mismo almacenar bisutería que lavadoras. Esto, a su vez, implica que los pasillos o zonas de desplazamiento de los vehículos internos deban ser más amplios. Las dimensiones del almacén afectarán a que el coste de alquiler o propiedad del almacén sea mayor o menor.
- **Coste o riesgo de ruptura de *stock*.** Este coste solo se deriva si hay una mala gestión del almacén. No se produce siempre. De ahí que se denomine "riesgo", porque puede producirse o no. En el caso de que se produzca esa ruptura de *stock*, tendríamos el coste de ruptura de *stock*,

que surge de la circunstancia de quedarnos sin existencias. Este hecho puede surgir por un despiste en las previsiones o por no disponer de dinero para afrontar el pago de un nuevo pedido. La no disponibilidad de *stock* puede originar pérdidas de clientes a quienes no les podemos servir el producto de manera inmediata o en un corto o medio plazo. Esta situación provocará que el cliente elija otra empresa que sí les pueda suministrar el producto en un plazo de tiempo más cercano.

- **Coste o riesgo de obsolescencia.** Igual que en el caso anterior, este coste solo se produce si ha existido una mala gestión del almacén, por eso se le denomina riesgo y, en caso de producirse, hablaríamos de coste de obsolescencia. Para la aparición de este coste debe darse la circunstancia de que el *stock* se quede obsoleto y sea muy difícil o imposible de vender. Una buena gestión del almacén hará que el *stock* se venda en el plazo previsto. De no ser así, se puede vender a precio más reducido en cuanto detectemos que está a punto de caducar o de quedarse obsoleto. Pero si no hemos detectado el error y el producto se caduca o se queda obsoleto, será imposible de sacarlo a la venta.

- **Coste o riesgo de deterioro, robo o desperfecto.** Igual que los dos anteriores, este coste se produce por una mala gestión del almacén. Se denomina "riesgo", ya que no sucede siempre, pero en el caso de que exista hablaremos de coste por deterioro, robo o desperfecto.

Es importante la comprobación de la mercancía a la recepción de la misma en el almacén. Esto evitará que guardemos, desde el inicio, mercancía deteriorada o con desperfectos.

Existe la posibilidad de que la mercancía que entró en perfectas condiciones en el almacén se vaya deteriorando o estropeando con el tiempo. De ahí la importancia de que este tipo de mercancía esté el menor tiempo posible en el almacén.

Este deterioro o desperfecto se puede producir si las condiciones medioambientales del lugar no son las adecuadas: humedad, temperatura, ventilación, iluminación, etc.

Cuanto más tiempo esté el producto en el almacén, mayor posibilidades de robo. Aunque este hecho depende de la suerte o el azar, se debe tener en cuenta que existen productos muy atractivos para los delincuentes, por lo que hay empresas que invierten en medidas de seguridad: personal de seguridad, cámaras de video vigilancia, dispositivos de alarma en los productos, etc., y esto aumenta el coste de los productos.

Algunos productos son atractivos para los delincuentes per se, como las joyas, los vehículos de alta gama, ropa y complementos de marca, y dispositivos electrónicos. De ahí que algunas empresas se vean obligadas a invertir en medidas y protocolos de seguridad para evitar el robo de sus productos.

 TAREA 7

En el almacén Costesa S. L. se ha realizado un inventario de comprobación para ver que todo está en orden. Sin embargo, se han detectado las siguientes situaciones y sus correspondientes gastos:

1. Se ha comprobado los apuntes de registro de entrada y salida de producto A. Según el SGA, en el almacén debería haber tres cajas de este producto que no se logra localizar. Esas 3 cajas están valoradas en un total de 200 €.
2. Del producto B solo quedan 2 unidades, cuando el *stock* de alerta es de 60 unidades, y el *stock* mínimo de 50 unidades. Se calcula que desde que se alcanzó el mínimo hasta la actualidad se habrá dejado de facturar unos 500 €.
3. Todo el palé del producto C está caducado y, por tanto, no se puede vender. Este palé tuvo un precio de adquisición de 450 €.
4. El alquiler de la nave industrial de 1.200 m² es de 900 € mensuales.
5. Debido a la naturaleza de los productos que se almacenan, la nave debe estar a una temperatura entre 21 °C y 23 °C, lo que conlleva un gasto de climatización de 600 € mensuales.

Indica qué tipo de coste es cada uno de los que se han derivado de las diferentes situaciones.

3. Costo de pedido

En Mayorasa, el proceso de compraventa empieza cuando realizan el pedido al proveedor. Desde el primer momento, es decir, desde que la persona encargada de pedidos se mete en las páginas webs de los proveedores y realiza el pedido, ya se están generando costes. Daniel, el gerente de Mayorasa, sabe que debe aprender acerca de todos los costes de pedido, además de los que ya ha aprendido sobre los costes de almacenamiento, para imputarlos conjuntamente en el coste del producto.

El coste de pedido se origina al iniciar el proceso de solicitud de pedido al proveedor para reaprovisionar el *stock*. Aquí se debe distinguir dos fases principales: la realización del pedido en sí y la adquisición o compra del producto. De estas dos fases se derivan dos **tipos de coste:**

➲ **Coste de pedido.** La solicitud de pedido es la acción de pedir los productos al proveedor, es decir, el proceso administrativo. Los costes que se aplican aquí están relacionados con el tiempo que se emplea en buscar las referencias de los artículos, anotar los artículos que se desean solicitar, enviar la hoja de pedido vía *e-mail,* fax o plataforma digital, etc. Actualmente, estos costes se reducen bastante gracias a los SGA o Sistemas de Gestión de Almacén, el acceso a internet que permite acceder a las páginas webs de los proveedores y realizar el pedido. Aun así hay que tenerlos en cuenta, ya que es una parte proporcional de los sueldos y salarios de los empleados que trabajan en la empresa.
Por ejemplo, María tiene que realizar un pedido a un proveedor. Para ello, debe acceder a la web del proveedor, buscar los productos, clicar o seleccionar el deseado y añadirlo a la cesta, carro de la compra u hoja de pedido y, una vez seleccionados todos los artículos, clicar el botón **Enviar.** Para ello, ha necesitado 20 minutos, conexión a internet y un programa de gestión donde volcar o importar el pedido del proveedor a dicho programa propio.

➲ **Coste de adquisición.** El coste de adquisición o compra es el valor económico o precio del producto, es decir, la cantidad de dinero que debemos pagar al proveedor. El precio que fijó es el que aparece en la solicitud de pedido más los impuestos correspondientes.
Por ejemplo, compramos un producto cuyo precio/unidad es de 20.00 € + IVA 21 % = 24.20 €. Esa es la cantidad que tendremos que pagar al proveedor.

En el proceso de compraventa internacional hay que cumplir con las cláusulas Incoterms. Esto implica que se debe acordar entre el vendedor y el comprador quién se hará cargo del coste de transporte, de seguros, de recepción de mercancía, de impuestos, aduanas o aranceles, etc. Es muy probable que, si es responsable el proveedor, haya incurrido estos costes en el precio, el cual estará incrementado y lo estará pagando ya en el precio el comprador, o sea, nosotros. Si nuestra empresa es la que se hace responsable de estos costes, deberemos imputarlos al producto para que sea el cliente quien los pague en el precio de venta cuando le vendamos el producto.

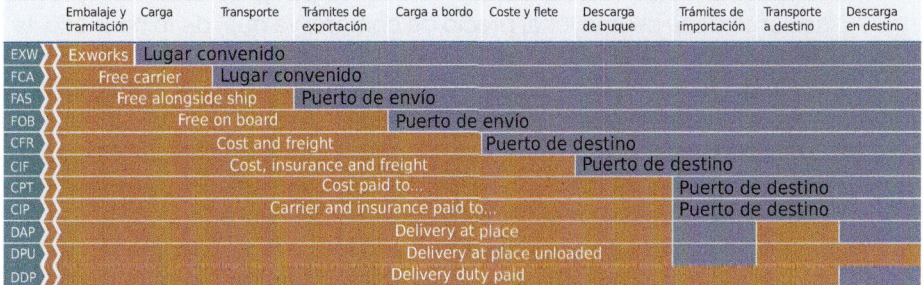

En las cláusulas Incoterms (Términos del Comercio Internacional) queda establecido quién se hace responsable y de qué durante el transporte de la mercancía desde que sale del almacén del vendedor hasta que llega al almacén del comprador. En ocasiones, los traslados son largos e implican diferentes medios de transporte, aéreo, terrestre, marítimo y/o ferroviario. En cada uno de estos puntos intermedios, se carga y descarga la mercancía. De ahí la importancia de establecer la responsabilidad, para que la mercancía no quede abandonada en un lugar sin que nadie se haga cargo de ella.

Dentro de los costes de pedido, podemos clasificar sus **costes según las funciones de cada fase:**

- **Coste de selección y negociación de proveedores.** Aquí podemos englobar costes de llamadas telefónicas, costes de envío de *e-mail* o correos electrónicos, videollamadas, desplazamientos por viajes para visitar a proveedores, distribuidores u otros intermediarios, participación en ferias y eventos profesionales, etc.
  Por ejemplo, Javier y Lidia asisten como visitantes a una feria profesional durante 4 días. Este viaje genera los siguientes gastos: dos billetes de tren ciudad de origen - Madrid - ciudad de origen, dos billetes de avión Madrid - Berlín - Madrid, 3 noches de hotel de 2 habitaciones individuales en régimen de alojamiento y desayuno, más dietas por 8 comidas y 8 cenas y el alquiler de un coche en Berlín durante 4 días para los desplazamientos por dicha ciudad. El total del viaje asciende a 1.150 € ambos trabajadores.
- **Coste de solicitud de pedidos.** En estos se engloban costes como llamadas telefónicas y conexión a internet para realizar el pedido vía web o vía *e-mail*. Si, además, se imprime la documentación en papel para

guardarla y archivarla (hoja de solicitud de pedidos, modificaciones, anulaciones, más facturas, albaranes, etc.), se debe incrementar el coste de papel y tóner.

A todo ello se debe imputar la parte de corriente eléctrica para que funcionen el ordenador, la impresora, el dispositivo telefónico, etc.

Dentro de los costes de adquisición, podemos clasificar **tres funciones** con sus costes respectivos:

- **Coste de compra o adquisición de materiales.** Este coste es el precio al que se compra o adquiere el producto, que va a condicionar a la empresa a la hora de determinar el precio venta, pues, claramente, el precio de venta debe ser mayor al precio de compra, ya que, de lo contrario, la empresa entraría en pérdidas.

  Por tanto, el hecho de que el precio de compra sea menor o mayor, va a determinar que el precio de venta también lo sea.

- **Coste de recepción de pedidos.** Aquí se engloba el coste de las máquinas o vehículos internos como las carretillas elevadoras y los recursos humanos o empleados especializados en estas tareas.

- **Coste de control de pedidos.** Estos son los costes correspondientes a tareas como la comprobación de cantidad y calidad de los artículos recibidos.

El *software* o sistema de gestión de almacenes (SGA) también es un coste que se debe imputar, ya que es utilizado en diferentes fases del proceso logístico desde la solicitud de pedidos, recepción y control de los mismos.

NOTA

El coste de pedido será menor cuanto menor sea la frecuencia en que se realicen los pedidos y mayor sea la cantidad adquirida en cada pedido.

ACTIVIDAD COMPLEMENTARIA

7. Lee la noticia titulada "¿Por qué ha subido tanto el precio de los alimentos?", que encontrarás accediendo desde aquí:

Continúa en página siguiente >>

<< Viene de página anterior

https://redirectoronline.com/coml022po0501

A continuación, indica qué tipos de costes se pueden englobar dentro del coste de compra o de adquisición, ya que repercuten en el precio del producto.

3.1. Costes de pedidos por ventas a clientes

Además de los costes de pedido y de almacenamiento, en el proceso logístico se generan unos costes cuando se realizan las ventas. El *picking* o recogida de los artículos, el *packing* o el empaquetamiento de los mismos, el transporte hacia el destino, etc., son gastos que se producen y que, en consecuencia, deberían imputarse al producto para que, dentro del precio que paga el comprador, se recuperen los gastos generados.

Por tanto, podemos decir que los **costes de expedición de pedidos** son:

- **Coste de procesamiento del pedido.** Aquí englobamos muchos gastos relacionados con la venta. Disponer de conexión a internet para recibir los pedidos *online*, contar con una página web para que los clientes puedan ver los artículos y así efectuar su compra, disponer de una línea telefónica para atender las llamadas de clientes que desean realizar un pedido, etc., son costes que se deben imputar al producto.
- **Coste de empaquetado.** Imputamos al producto los costes que genera el proceso de empaquetado como los materiales que se utilizan (papel burbuja, papel de relleno, cajas, bolsas, cinta de embalar, etc.).
- **Coste de etiquetado.** El coste de etiquetar como pueda ser el tóner y las pegatinas donde figuran los datos del destinatario.
- **Coste de transporte.** El envío por transporte propio o por empresa transportista. Aquí incluye la mano de obra del conductor o transportista, mantenimiento del vehículo, gasolina, seguro de vehículo, etc. En muchas ocasiones, de este coste se hace responsable en su totalidad el comprador. En otras, el vendedor se hace responsable, si existe la compra de un pedido mínimo.

◔ **Coste de impuestos o aranceles.** Si estamos hablando de un transporte internacional, es probable que haya que asumir el pago de impuestos, aranceles y aduanas. Estos costes deben imputarse también al producto.

◔ **Coste de entrega del pedido.** Si la entrega se realiza en el primer intento, podemos afirmar que el coste sería el propio coste del transporte. Sin embargo, se puede dar la situación en la que el destinatario no se encuentra en la dirección indicada y hay que volver a intentar una segunda o tercera vez la entrega. Esto aumenta el coste de gasolina, el desgaste del vehículo, etc.

También se puede dejar el pedido en un punto de recogida, lo cual aumenta los costes por guarda y custodia del paquete. Por tanto, la posibilidad de que estos surjan en la entrega del pedido debería preverse e imputarse en el coste del artículo.

Una gestión óptima del almacén conlleva que exista un equilibrio entre los costes de almacenamiento y los costes de pedido. Por tanto, podemos decir que el equilibrio estaría en el punto de mantener un *stock* grande a base de realizar pocos pedidos.

4. Resumen

Los gastos que se producen en la actividad de la empresa se deben imputar como costes de los productos para ser recuperados dentro del precio de venta al cliente. De lo contrario, el margen que creemos marcar como beneficio, no sería el neto o real, ya que de esa diferencia entre el precio de venta y el de compra debemos pagar los gastos que se generan en la empresa.

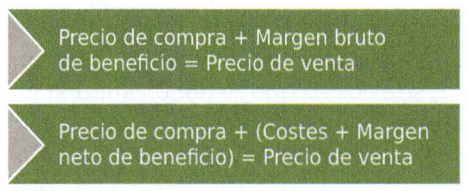

Precio de compra + Margen bruto de beneficio = Precio de venta

Precio de compra + (Costes + Margen neto de beneficio) = Precio de venta

En el proceso de compraventa existen tres fases básicas y fundamentales:

Adquisición o compra

Almacenaje o mantenimiento

Emisión de pedidos o venta

Los gastos que se generan en la empresa y se computan en la contabilidad general o financiera son los de los siguientes subgrupos:

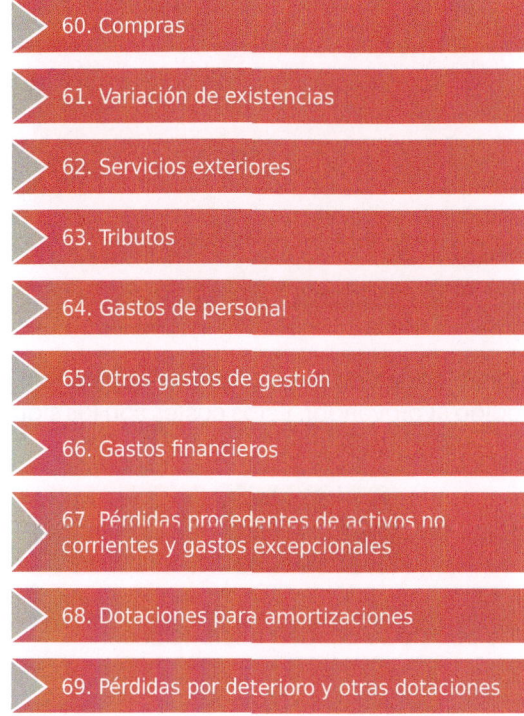

60. Compras

61. Variación de existencias

62. Servicios exteriores

63. Tributos

64. Gastos de personal

65. Otros gastos de gestión

66. Gastos financieros

67. Pérdidas procedentes de activos no corrientes y gastos excepcionales

68. Dotaciones para amortizaciones

69. Pérdidas por deterioro y otras dotaciones

Los costes de almacenamiento son los que se imputan a los productos por el proceso de almacenar la mercancía.

Los gastos más habituales que se imputan como costes a los productos son:

Alquiler o propiedad del almacén

Sueldos y salarios

Suministros

Mantenimiento

Seguros

Depreciación de equipos

Otros

Los diferentes costes de almacenamiento son los siguientes:

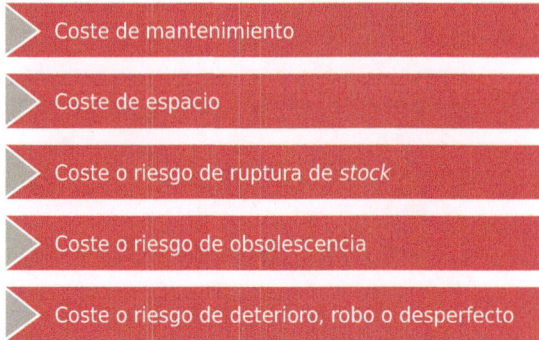

Además, existen costes de pedido que se originan en la fase en la que se realiza el pedido al proveedor. Estos costes son los siguientes:

Los costes de pedido se pueden diferenciar en:

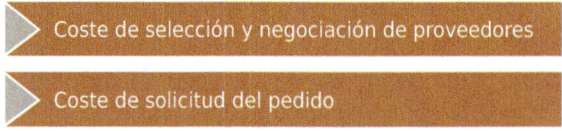

Los costes de adquisición los diferenciamos en:

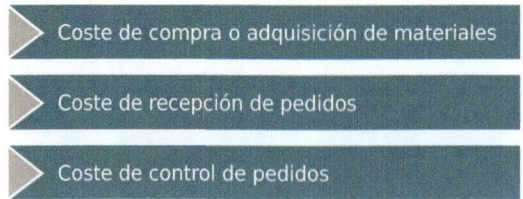

Tampoco debemos olvidar los costes que se originan en el proceso de venta o expedición de pedidos cuando vendemos los artículos al cliente. Este tipo de costes son:

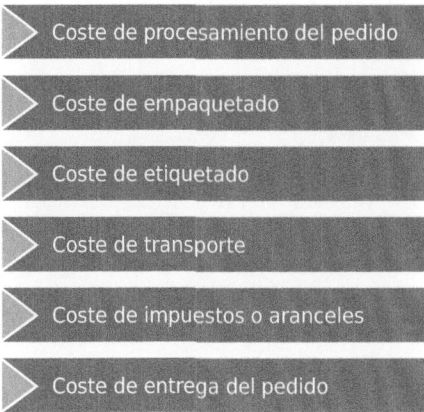

Una buena gestión del almacén implica alcanzar un equilibrio entre los costes, de manera que exista un equilibrio entre los costes de almacenamiento y los costes de pedido.

Ejercicios de autoevaluación
Unidad de Aprendizaje 5

1. **¿En qué grupo contable ubicaría la cuenta "Seguridad Social a cargo de la empresa"?**

   a. Servicios exteriores
   b. Gastos de personal
   c. Tributos
   d. Gastos financieros

2. **¿En qué grupo contable ubicaría la cuenta "Transportes"?**

   a. Servicios exteriores
   b. Gastos de personal
   c. Tributos
   d. Gastos financieros

3. **Si al precio de adquisición de 10 €, sumamos la cantidad de 5 € para obtener un precio de venta de 15 €, la cantidad de 5 € añadida se refiere a:**

   a. Margen bruto de beneficio
   b. Margen neto de beneficio
   c. IVA o Impuesto sobre el Valor Añadido
   d. Costes imputados

4. **Indica si la siguiente oración es verdadera o falsa: "El suministro de luz es un gasto no imputable como coste ya que todas las empresas tienen ese gasto en mayor o menor medida".**

   ■ Verdadero
   ■ Falso

5. **Debido a unas inundaciones en el almacén, se han estropeado 4 palés de papel higiénico que ha quedado mojado, deshecho e inservible. El valor de adquisición de dicho papel, se puede imputar como:**

   a. Coste de mantenimiento
   b. Coste de espacio

   c. Coste de ruptura de *stock*

   d. Coste de deterioro, robo o desperfecto

6. **Debido a las propiedades de la mercancía almacenada, el almacén debe contar con una temperatura entre 7 °C y 10 °C y una humedad del 20 %. Estas condiciones ambientales originan un gasto que es imputable como:**

   a. Coste de mantenimiento

   b. Coste de espacio

   c. Coste de ruptura de *stock*

   d. Coste de obsolescencia

7. **Indica si la siguiente oración es verdadera o falsa: "El coste de pedido es lo mismo que el coste de adquisición".**

   ■ Verdadero

   ■ Falso

8. **El hecho de imprimir la hoja de pedido al proveedor genera un gasto de luz, papel y tóner que se puede imputar al producto como:**

   a. Coste de selección de proveedores

   b. Coste de negociación con proveedores

   c. Coste de solicitud de pedido

   d. Coste de mantenimiento

9. **El hecho de pagar al proveedor, 10 €/unidad por cada producto solicitado, se trata de:**

   a. Coste de compra o adquisición

   b. Coste de recepción de pedidos

   c. Coste de control de pedidos

   d. Coste de espacio

10. **La pegatina exterior que se adhiere a la caja de un pedido que vamos a enviar a un cliente, donde figura la dirección de destino, genera un:**

      a. Coste de procesamiento del pedido
      b. Coste de empaquetado
      c. Coste de etiquetado
      d. Coste de transporte

Glosario

Almacén
Lugar donde se guarda, custodia y conserva la mercancía, productos o artículos para su posterior venta. Debe cumplir unas condiciones medioambientales y espaciales para que el *stock* no se deteriore por el paso del tiempo en dicho lugar.

Calidad
Es la actividad consistente en evitar el error en el proceso, poniendo todas las herramientas de detección de errores y, en consecuencia, su corrección antes de finalizar dicho proceso.

Comprador
Persona o empresa que adquiere un bien o servicio a cambio de pagar un precio.

Coste
Es la imputación de un gasto que ha realizado la empresa a un artículo o bien.

Devolución
Hecho de retornar o hacer regresar algo a su origen.

Diseño
Es el proyecto o planificación de algo. En el caso del diseño del almacén, es la planificación del mismo, cómo se van a distribuir los pasillos y estanterías y cómo va a estar ubicada la mercancía.

Estantería
Es un mueble metálico o de madera compuesto por baldas o superficies horizontales donde se depositan artículos y productos.

Estrategia

Es el conjunto de reglas, pautas o directrices estipuladas en una empresa en las que se basa la toma de decisiones en la misma.

Etiquetar

Colocar mediante algún sistema de adhesión una etiqueta o letrero informativo en el paquete o embalaje de un producto o artículo.

Gasto

Es el empleo de dinero que realiza la empresa como consecuencia de la actividad de la misma. El gasto debe imputarse a los artículos para recuperarlo en el precio de venta.

Inspección

Acto de comprobar, asegurar, vigilar o revisar que se cumplen los parámetros, condiciones o requisitos preestablecidos.

Inventario

Documento en el que figuran la cantidad de bienes o posesiones de una empresa. El inventario de mercaderías es la cantidad de *stock* que tiene una empresa en su almacén. Generalmente, se calcula hallando la diferencia entre lo que ya había, más lo que se ha comprado o adquirido, menos lo que se ha vendido. Ese resultado es la cantidad de unidades físicas que debe haber en el almacén. Existen diferentes tipos de inventario.

Logística

Se trata del conjunto de métodos, técnicas y procedimientos para ejecutar la organización de una empresa o proceso, más concretamente el de distribución.

Packing

Actividad que consiste en envolver, embalar y empaquetar los artículos o productos de manera que no sufran desperfectos ni deterioros durante su transporte.

Picking

Es la actividad consistente en la recogida de los artículos o productos desde su ubicación hasta la zona de *packing*.

Proveedor

Persona o empresa que suministra bienes o servicios para facilitar el desarrollo de la actividad de una empresa.

Reaprovisionar

Volver a aprovisionar, comprar o adquirir una mercancía para su posterior venta.

Recepción de mercancías

Recibir o admitir mercancías en el almacén.

Stock

Conjunto de mercaderías, mercancías, artículos o bienes tangibles que se acumulan, almacenan y custodian en un lugar para, posteriormente, ser vendidos a clientes.

Transporte

Actividad consistente en desplazar a algo o alguien desde un punto de origen a un punto de destino, en un medio de transporte; barco, avión, tren, camión, etc., garantizando su buen estado.

Vendedor

Persona o empresa que entrega un bien o servicio a un cliente a cambio de recibir una cantidad de dinero como concepto de precio.

Bibliografía

Textos electrónicos, bases de datos y programas informáticos

→ Inspección de mercancías en almacén: Fases claves del proceso. Disponible en: https://acaciatec.com/inspeccion-de-mercancias-en-almacen/

> Acacia Technologies es una empresa con más de 25 años de experiencia dedicada a la creación y diseño de SGA o sistemas de Gestión de almacenes, aportando soluciones a las empresas de logística en su actividad de almacenaje.

→ La logística integral y la coordinación en la cadena de suministro. Disponible en: https://www.mecalux.es/blog/logistica-integral

> Mecalux es una empresa especializada en sistemas de almacenaje. Diseña, fabrica, comercializa y presta servicios relacionados con estanterías metálicas, automatización y otras soluciones para almacenes.

→ *Picking:* Preparación de pedidos en el almacén. Disponible en: https://www.noegasystems.com/blog/logistica/preparacion-de-pedidos-picking

> Noega Systems es una empresa que aporta soluciones a las empresas de logística mediante el asesoramiento, la inspección y la validación de las instalaciones de dichas empresas de almacén.

→ ¿Qué son los costes del pedido? Disponible en: https://www.ceupe.com/blog/que-son-los-costes-del-pedido.html

> Ceupe es el Centro Europeo de Postgrado que ofrece cursos y másteres oficiales y universitarios de distintas ramas: logística, turismo, *marketing,* psicología, etc. Cuenta con un blog donde comparten artículos de los diferentes sectores de los que ofrecen sus estudios.